VLADIMIR SIBYLLA PIRES

MUSEU-MONSTRO:

Insumos para uma museologia da monstruosidade

2017

Ficha técnica

[Título]
MUSEU-MONSTRO
Insumos para uma museologia da monstruosidade

[Autor]
Vladimir Sibylla Pires

[Design da Capa]
Mª Helena Catarino Fonseca

[ISBN]
978-1545592021

[Depósito Legal]
430082/17

1ª edição - Abril 2017

[Todos os direitos desta edição reservados por]
Edições Universitárias Lusófonas
Campo Grande, 376 - 1749-024 Lisboa
Telef. 217 515 500

Texto escrito conforme o Acordo Ortográfico - convertido pelo Lince

AGRADECIMENTOS

A Paula, que fez de meu sonho sua realidade e me deu a estrutura necessária para persegui-lo e realizá-lo.

A Giuseppe Cocco (UFRJ), Barbara Szaniecki (UERJ) e José Neves (UNL, Portugal), que acolheram – cada um a seu tempo e a seu modo – esta pesquisa, contribuindo inestimavelmente para o resultado aqui apresentado.

Ao "levante da multidão" brasileiro de 2013 que me ajudou a especular sobre outro museu / outra Museologia, bem como me fez ver que a sua plena compreensão demanda vivência, não apenas reflexão teórica.

Aos alunos do Curso de Museologia da UNIRIO que gentilmente aceitaram ser as cobaias para as minhas primeiras reflexões.

Aos barquinhos sobre o Tejo e à Freguesia de Paço de Arcos, antiga vila de pescadores entre Lisboa e Cascais (Portugal), que controlaram minha ansiedade por alguns meses e, com isso, fizeram-me ver que é o poeta Manuel de Barros quem está realmente certo.

Aos professores, colegas e funcionários do Programa de Pós-Graduação em Ciência da Informação – IBICT / UFRJ, pelo convívio e pelo apoio.

À CAPES, pelos auxílios concedidos.

Eu queria aprofundar o que não sei,
como fazem os cientistas,
mas só na área dos encantamentos.
(Manoel de Barros)

El capitalismo ha entrado en una nueva fase, la del
capitalismo cognitivo. La actual crisis del sistema
capitalista impone la construcción de una alternativa
a la altura de lo que está en juego.
(César Altamira)

O capitalismo cognitivo diz respeito à mobilização
das formas de vida em suas próprias dinâmicas
sociais, inclusive reprodutivas.
(Giuseppe Cocco)

Não há nada que pareça mais enigmático hoje
do que a ação.
(Paolo Virno)

SUMÁRIO

.

1 PREÂMBULO

Este estudo nasceu de um desejo de estabelecimento de diálogo entre a Museologia e a Ciência da Informação diante das transformações do capitalismo e de sua estreita relação com os museus e a metrópole contemporânea. Seu desenvolvimento, no entanto, passou por dois "reveses" que precisam ser aqui registrados porque, sem eles, não apenas nada disto existiria como, se existisse, não teria o teor hoje aqui encontrado.

O primeiro deles refere-se ao concurso público de títulos e provas para a área de Teoria Museológica, da Universidade Federal do Estado do Rio de Janeiro – UNIRIO, ao qual concorri. Ter passado no concurso foi central para a completa virada do encaminhamento que vinha sendo dado às leituras e reflexões aqui realizadas. Isto porque o enfrentamento das temáticas previstas para o referido concurso, bem como o levantamento e a organização da referida bibliografia de apoio, reforçaram uma antiga intuição: o fato que a produção intelectual da Museologia contemporânea passa ao largo de um aspecto importante da produção teórica das Ciências Sociais na atualidade: as questões práticas e teóricas conformadas pela mudança de paradigma produtivo, ou seja, pela emergência do "capitalismo cognitivo".

Por conta disto, percebe-se que a Museologia que é hoje acionada pelos projetos de revitalização urbana ao redor do planeta, centrada na forma-museu moderna (institucional e representacional), não vai muito além do museu enquanto espaço coletor, contentor e processador de informação. Ou seja: em um primeiro olhar, pode-se inferir que parte significativa da Museologia contemporânea talvez persista pensando sob outro paradigma produtivo.

Já o segundo "revés", por sua vez, foi o impacto causado pelo "levante da multidão" de junho de 2013, em particular as diversas imagens que viralizaram na web mostrando importantes avenidas na cidade do Rio de Janeiro absolutamente apinhadas de gente. Diante dessas imagens - mas, sobretudo, diante do fato de que nossos museus não se abriram ao acontecimento enquanto ele acontecia – tive a certeza de que a Museologia tradicional não possui hoje instrumental prático e/ou teórico-conceitual adequado para lidar com tal evento (enquanto evento), sempre dependendo de sua transformação em uma representação materializada em algum tipo de suporte para, com isto, possibilitar primeiro sua captura para dentro de algum acervo e, posteriormente, a elaboração de algum discurso sobre.

O trabalho aqui apresentado é, assim, totalmente tributário disto que foi aqui relatado.

2 APRESENTAÇÃO

Embora a relação entre Museologia e Ciência da Informação seja relativamente recente (tendo sido sugerida pela primeira vez a partir da década de 1960, quando a segunda dessas disciplinas se estabeleceu), a relação entre museus e informação, no entanto, é mais longeva e inequívoca. Tornou-se, inclusive, parte integrante desse grande processo de objetivação – na verdade, de objetificação – do mundo que herdamos dos séculos XVIII e XIX, contribuindo estreitamente para a consolidação e disseminação da moderna sociedade ocidental, baseada em moldes fabris, que concebeu tais "lugares de memória" (NORA, 1993) da forma que muitos entendem hoje.

Acreditamos, porém, que o reconhecimento da emergência de um tipo novo de regime de acumulação capitalista – cognitivo, centrado no trabalho imaterial e vivo (LAZZARATO; NEGRI, 2001) –, em substituição ao regime fabril que embasou o nascimento e desenvolvimento da forma-museu moderna com a qual muitos de nós ainda trabalham (institucional e representacional), obriga-nos a proceder um deslocamento com base em duas premissas.

A primeira delas considera que, na contemporaneidade, informação e conhecimento como fomos acostumados a considerar – primordialmente baseados no "documento" (no "documentado") preservado em grandes bases de dados, arquivos, bibliotecas, reservas técnicas de museus etc. – não seriam mais, em si, os elementos verdadeiramente centrais para a sobrevida, desenvolvimento e expansão do sistema capitalista; centrais mesmo seriam agora as condições sociais e as dimensões culturais geradoras de novas informações e de novos conhecimentos.

A segunda, por sua vez, leva em conta o que já bem lembraram Hardt e Negri (2005) a respeito do que escreveu Marx nos *Grundrisse*: que nosso entendimento do mundo deve adaptar-se à concretude desse mundo; ou seja, a teoria social deve ser modelada pela realidade social e, com isso, demonstrar correspondência entre método e substância, forma e conteúdo. Ponderam (uns e outro), a partir disso, que, se a realidade muda, mudam-se também as teorias (que, por sua vez, mudam o próprio mundo).

E, diante de uma nova realidade como a do capitalismo cognitivo, não poderia ser diferente: repensar o papel dos museus (ou de alguns deles, pelo menos) e rediscutir alguns preceitos da Museologia tornar-se-iam hoje totalmente necessários.

Assim, ao considerarmos tais pressupostos, e para avançarmos com a nossa compreensão sobre esse tipo de instituição (pois é este modelo de museu que estamos aqui considerando), foi preciso empreendermos um deslocamento, uma compreensão ampliada do escopo de atuação dos dois campos aqui mobilizados: de um lado a Ciência da Informação, então tradicionalmente associada com organização do conhecimento, gestão de unidades informacionais, comportamento de usuários, transferência de informação e conhecimento etc.; de outro a Museologia, campo ainda em busca de seu objeto de estudo, e ainda fortemente associado à relação estabelecida (pelo museólogo) entre Homem (sujeito conhecedor) e Objeto (produto da ação humana) em um espaço artificialmente criado para este fim (o museu), naquilo que Russio (1983 *apud* ARANTES, 1984) denominou, no início da década de 1980, de "fato museal".

Ao fazermos isto, queremos deslocar a ênfase normalmente dada por essas disciplinas quando se debruçam sobre os museus, transformando-a e fazendo-a incidir, a partir de então, sobre as estreitas relações que estes estabelecem com o território e, sobretudo, com as práticas culturais e as dinâmicas infocomunicacionais que o animam (no sentido latino de "dotar de alma"), e que tão bem caracterizam o capitalismo cognitivo. Isto porque acreditamos que o reconhecimento da emergência de um tipo novo de regime de acumulação capitalista (cognitivo, centrado no trabalho imaterial e vivo) obriga-nos a ir além tanto dos fluxos, meandros e estruturas da informação codificada / codificável (tão caros a parte significativa da Ciência da Informação), como também da centralidade que o aqui denominado "objeto-informante"[1] ainda assume na estruturação de muitos de nossos museus e na conformação daquilo que tradicionalmente se reconhece como sendo suas funções primordiais (conservação, pesquisa e comunicação), bem como no papel que desempenha nas

---

[1] Que eu definiria, para fins deste estudo, e sem qualquer pretensão de generalização, como um tipo de documento produzido, coletado, classificado, organizado, preservado e exibido com o intuito explícito de contar uma história sobre algo ou alguém, geralmente sob o prisma do poder que os instituiu, que os dotou desta sua "capacidade de fala".

reflexões de parte significativa da Museologia e da Ciência da Informação.

Por conta disso, Museologia e Ciência da Informação foram aqui tratadas não como disciplinas estanques e coerentes, mas como enfoques transdisciplinares capazes de nos fazer lidar com o deslocamento e, portanto, de nos fazer apreender as dinâmicas infocomunicacionais que animam o território, ou seja, que lhe dão vida, que os constituem. Isto porque, uma vez que os centros de inovação e criação de valor deslocam-se da fábrica e do escritório para a metrópole[2], e uma vez que informação e conhecimento não são apenas importantes, mas centrais neste processo, ambas as disciplinas – no nosso entender – precisavam acompanhar este movimento.

Temos assim dois momentos muito distintos, porém complementares, que não apenas apontam para o caminho a ser inicialmente percorrido como, em certo sentido, também obrigam uma revisão de rota, um ligeiro desvio a ser tomado. Em um primeiro momento, temos a gigantesca produção jornalística e de artigos de opinião divulgados em blogs e portais de notícias que nos chamam a atenção por ressaltarem a relação entre três importantes elementos (nos quais já temos indicações sobre a tendência que atravessa e que define o tema): os **museus** (não todo e qualquer um, mas, em particular, os que chamaríamos genericamente de "novos grandes

---

[2] Onde a centralidade da informação e do conhecimento é de tipo novo e isso segundo duas dinâmicas: por um lado porque se produz conhecimento por meio de conhecimento; por outro, porque se produz entre ruas e redes, de maneira difusa.

museus"), a **metrópole** (particularmente em momentos específicos de revitalização / requalificação) e a **cultura** (em uma aceção ampla: seja se referindo à sua dimensão antropológica, seja se referindo às suas instituições – museus, galerias, centros culturais etc. – ou subcampos: arte, memória, patrimônio, turismo etc.); já em um segundo momento, temos o impacto ainda em curso de uma série impressionante de manifestações de ruas ocorridas, a partir da segunda quinzena do mês de junho de 2013, de norte a sul, de leste a oeste, das capitais da orla às cidades do interior, dos centros às periferias, por literalmente todo o país, trazendo à tona dois outros importantes elementos para este trabalho: a **multidão** (particularmente sua excedência e não representatividade) e o **comum** (principalmente entre os processos e riscos de sua privatização e os eventos constituintes de sua excedência).

Já podemos ver que as linhas das três tendências apontadas no primeiro movimento atravessam aqueles do segundo, ao passo que (em particular depois de junho) os processos constituintes do segundo enfrentam e atravessam os do primeiro. É a partir desses encontros que denotaremos, de maneira impressionista, o que se segue.

2.1 O museu: mais do que depósito de coisas velhas

No nosso ponto de vista, o primeiro desses recortes, é claro, diz respeito ao próprio museu – no caso, um museu tradicional, delimitado por quatro paredes, voltado para receber um público e dotado de algum tipo de acervo –, equipamento que foi eleito como âncora de um projeto urbanístico na cidade do Rio de Janeiro (e que o é também em tantas outras cidades ao redor do mundo no momento em que escrevemos estas linhas) e que se transformou, a partir da década de 1970, em uma das mais paradigmáticas instituições de nossa Era da Informação, do Conhecimento e do Aprendizado: um misto de arquivo, biblioteca, banco de dados, centro de pesquisa (bem como de geração de conhecimento e de difusão de saberes), escola, laboratório de conservação e de restauração, local de eventos e de espetáculos, editora, produtora cultural etc. Este que é como uma cidade, como menciona Manuel Borja-Villel ao se referir ao prestigiado Reina Sofia, de Madri, e cujo "marco fundacional" é provavelmente o Centro Cultural Georges Pompidou, inaugurado em Paris na década de 1970.

De lá para cá, muitos outros museus desse tipo[3] inclusive nasceram como verdadeiras obras de arte. Outros viraram grifes e modelos de franquias, tornando-se agentes do grande capital, funcionando como âncoras de estratégias econômicas e de revitalização / requalificação urbana. É o que

---

[3] Por motivos estratégicos e conceituais estamos desconsiderando, neste trabalho, a multiplicidade de experiências museísticas advindas da consolidação e disseminação das práticas ecomuseais, comunitárias, territoriais contempladas pela denominação "Museologia Social" e pelo Movimento Internacional para uma Nova Museologia – MINOM. Com isso, nossa intenção é nos atermos especificamente àquilo que o poder (político e econômico) contemporâneo vem mobilizando para seus esforços de reorganização do capital: os grandes museus de arte, de caráter tradicional, parte daqueles que o professor Mario Moutinho, da Universidade Lusófona (Portugal) denomina de "museus imperiais".

observamos, por exemplo, com a implantação de uma das franquias mais famosas do Museu Guggenheim, a de Bilbao, na Espanha, em 1997. Ou como podemos observar, de forma talvez ainda mais emblemática, no processo de implantação da primeira franquia do Museu do Louvre, em uma ilha dedicada à cultura construída em Abu Dhabi, o mais rico dos Emirados Árabes. Uma operação que rendeu US$ 1 bilhão aos cofres franceses e que ocupará a ilha com mais uma franquia do Museu Guggenheim, bem como outras instituições culturais. Um complexo turístico e econômico centrado no consumo cultural, artificialmente edificado, ancorado em renomados arquitetos e em museus-grife. Afinal, é como disse Hugo Barreto, Secretário Geral da Fundação Roberto Marinho, ao se referir aos museus como as catedrais do século XXI: "eles atraem as pessoas não só pelo seu conteúdo, mas também pela sua representação simbólica na paisagem urbana"[4].

No entanto, apesar de toda esta "euforia" ao redor do papel da arte como geradora de divisas e da capacidade de requalificação urbana por parte dos museus, não podemos esquecer que o mundo objetivado (objetificado), cerne do projeto da modernidade, alvo de musealização e do mercado, vem demonstrando ser, na verdade, apenas parte da equação. Não à toa, no descritivo de seus princípios e objetivos, os novos grandes museus cariocas apontam (também ou mesmo principalmente) para o intangível de símbolos, identidades e

---

[4] Disponível em: < http://g1.globo.com/jornaldaglobo/0,,MUL1 262130-16021,00-UM+MODERNO+ESPACO+DE+CULTURA.html >. Acesso em: 20 fev. 2017.

imaginários: o Museu do Amanhã é, conforme expresso em seu release, uma "plataforma para sondar, por meio de **ideias e emoções**, o caminho em direção ao futuro" (grifos meus); já o Museu de Arte do Rio – MAR conta, por sua vez, ao seu lado, com a Escola do Olhar, "cujo objetivo será proporcionar **experiências do ver e sentir**"[5] (grifos meus); e o novo Museu de Imagem do Som, a ser instalado na praia de Copacabana, será o museu "da **identidade** carioca" (SUKMAN, 2010; grifo meu). Há, portanto, algo muito além do objetivado / objetificado e que vem sendo atualmente mobilizado para exposição em nossos novos museus. Algo supostamente não-perecível e identitário. Algo que remete à memória, aparentemente perdida ou esquecida. Parece ser um projeto de (re)vitalizar as metrópoles, mas, na verdade, nos remete aos cemitérios e seus mortos:

> esse modelo tem como origem um luto e como efeito um engodo: a apologia do "não-perecível" tem como valores os mortos mais do que os vivos, os materiais resistentes mais do que os outros, e os meios munidos o bastante para garantir a conservação de suas relíquias. Mas é absolutamente o contrário. A criação é perecível. Ela passa, pois é ato. (...) ela é essencialmente relativa a uma coletividade. Somente isto lhe permite introduzir-se na duração. (...) Seu traço talvez sobreviva ao grupo, sob a forma de um objeto que a vida deixou cair, pegou, abandonou novamente e reutilizou ainda em práticas posteriores [antes de ir parar em um museu, poderíamos acrescentar]: textos, cerâmica, utensílios ou estátuas. Mas estes não pertencem mais àquilo que *faz*

---

[5] Disponível em: < http://www.frm.org.br/ >. Acesso em: 20 fev. 2017.

a história; são *dados* dela. [A cultura] não se reduz aos registros e aos restos que ela deixa. Por mais interessantes que sejam, esses objetos (...) são apenas os resíduos do que não mais existe (...) (CERTEAU, 2008, p.243-244).

Com Certeau compreendemos que a única maneira de ter algo vivo nos museus é na renovação – diferença horizontal democrática – dos atos de criação fora dos museus, naquele fora que os museus mumificam.

Assim, os museus – mas também a cultura-em-ato que os informam, conformam e transpassam, tanto ou mais que a cultura objetivada / objetificada exposta em seus salões – são elementos centrais deste estudo, visto que funcionarão aqui como uma plataforma a partir – ou, melhor, um prisma através – da(o) qual a estreita relação mantida entre a metrópole global contemporânea e esse "algo maior" que a dinamiza – a cultura-em-ato descrita por Certeau (2008) – pode ser melhor visualizada, fazendo transparecer as dinâmicas infocomunicacionais que, no capitalismo contemporâneo, tornaram-se verdadeiramente significativas para a manutenção e sobrevida do sistema[6].

2.2 A metrópole: mais do que uma selva de pedra

No início do século XX, em plena gestão do prefeito Pereira Passos (1902-1906), uma Rio francesa "ergueu-se" sobre

---

[6] Uma relação paradoxal, contudo, pois ao mesmo tempo em que o museu precisa dessa "anim(ação)", ele a mumifica.

os escombros de uma Rio portuguesa. Vivia-se a "euforia do progresso e a imposição da ordem" (TURAZZI, 1989). O trabalho (re)organizava-se e a cidade adequava-se a esta nova realidade. No dizer de seus cronistas: "civilizava-se".

Guardadas, é claro, todas as devidas proporções, um século depois (e no decurso de uma nova reorganização do trabalho) deparamo-nos com outro tipo de "bota-abaixo"[7] e – por que não dizer? – uma nova espécie de "euforia". A diferença é que, agora, não se trata mais de "civilizar-se", mas sim de "espetacularizar-se", digamos assim: nosso ufanismo sempre decretou que tínhamos o "carnaval mais famoso do mundo"; depois, segundo o World Trade Guide, viramos a sede do "melhor réveillon do mundo". O passo seguinte era mesmo se preparar para a série de outros grandes eventos que estavam / estão previstos para esta "década de ouro" de nossa cidade: Conferência Rio + 20 (2012), Copa das Confederações (2013), Jornada Mundial da Juventude (2013), Conferência Internacional do ICOM (2013), Mundial de Futebol da FIFA (2014) e Jogos Olímpicos / Paralímpicos (2016).

Dentro deste novo contexto de transformações / reorganizações da cidade, e após uma Rio norte americana ter-se erguido sobre os escombros da Rio francesa de Pereira

---

[7] Bota-abaixo foi o temo pelo qual ficou conhecida a reforma urbana que o Rio de Janeiro sofreu durante o governo do prefeito Pereira Passos (1902-1906). O processo visava acabar com os ares coloniais da cidade, conferindo-lhe aspectos modernos e cosmopolitas. Pouco mais de cem anos depois, com o processo de revitalização da Zona Portuária, encontramo-nos em um novo Bota-abaixo. Só que o objetivo agora não é mais construir a "Paris dos trópicos".

Passos[8], agora uma "Rio global" parece querer se erguer sobre esse grande mosaico de estilos, formas e funções urbanas que foi se constituindo ao longo dos últimos cem anos. Muito em função, inclusive, de um modelo de gestão de cidades disseminado em todo o mundo após a crise da década de 1970 (e aportado aqui a partir da década de 1990) que passou a mobilizar a tríade cidade-empresa, empresário-líder e evento-oportunidade, elementos que, na opinião de Renato Cosentino, autor do blog Cidades Possíveis, caracterizariam a fórmula da cidade global. Um fenômeno que Harvey (1996), por sua vez, denominou de "empresariamento" da gestão urbana.

Neste modelo, prossegue Cosentino em seu artigo, "deve existir a perceção de que a cidade está em crise e que é necessária uma união de forças para superá-la. Esse papel cabe a uma liderança local, que deve assumir a articulação entre os atores para se chegar a um consenso, colocando a cidade na direção do desenvolvimento". Foi o que ocorreu com Lisboa às vésperas da Exposição Mundial de 1998. Mas foi, sobretudo, o que houve anos antes, em 1992, com as cidades de Sevilha (quando de sua Exposição Mundial) e Barcelona (quando dos Jogos Olímpicos). A cidade catalã, inclusive, tornou-se não apenas fonte de inspiração para sua vizinha portuguesa, mas também, do outro lado do Atlântico, para o prefeito carioca Eduardo Paes. Este, quando da assinatura de um acordo de

---

[8] Refiro-me às transformações urbanas da década de 1940, em particular às intervenções do prefeito Henrique Dodsworth (1937-1945).

cooperação entre as duas cidades, chegou a declarar: "o sonho do Rio é ser Barcelona amanhã"[9].

E neste afã de sermos "Barcelona amanhã", nossa zona portuária tornou-se alvo de um "olhar crítico" do Poder Público, que o transformou em palco das intervenções do Porto Maravilha, projeto que – nos moldes de sua cidade-espelho catalã –, e segundo seu release, visava "requalificar" a área e fazê-la se "reencontrar com a cidade". Um processo cuja "cereja do bolo", nas palavras do prefeito Eduardo Paes, é um museu: o Museu do Amanhã, projeto do arquiteto catalão Santiago Calatrava. Uma obra que, segundo o release fornecido pela Prefeitura à época, "representa uma cidade que resgata o passado e vislumbra o amanhã"[10]. Que aposta, portanto, na promoção de uma singularidade baseada em sua história e identidade cultural.

Iniciativa em sintonia com a opinião de Mário Augusto Moysés, presidente da EMBRATUR que, em matéria de Eduardo Maia (março de 2011), declarou que nossa imagem, para o turista estrangeiro, é ainda muito "pequena", reduzida aos estereótipos do carnaval e do futebol, sem condições de competir somente nos quesitos praia e sol, precisando de outros atrativos: "temos que vender a praia e o sol, mas junto com a nossa cultura, a nossa gastronomia, a nossa história. O

---

[9] Disponível em: < http://www.jb.com.br/rio/noticias/2009/10/23/paes-afirma-que-sonho-do-rio-e-ser-como-barcelona/ >. Acesso em: 20 fev. 2017.

[10] Disponível em: < http://portomaravilha.com.br/imprensa >. Acesso em: 20 fev. 2017.

Brasil precisa ser diferente para se tornar um destino desejado em todo mundo."[11]

A metrópole global – centro informacional, *hub* de fluxos e dinâmicas diversos, palco de uma disputa internacional por destinos para ir ou estar, espaço diferente, porém "cada vez mais igual a todos os outros" – constitui, assim, um segundo recorte deste estudo.

2.3 A cultura: mais do que "a obra"

Voltemos à discussão estabelecida ao redor dos dois novos museus da zona portuária do Rio de Janeiro (o Museu do Amanhã e o Museu de Arte do Rio – MAR). Embora pouca em termos numéricos, traz consigo alguns elementos (conceitos, noções, preocupações etc.) que julgamos interessantes em nossa busca para o pleno delineamento de nossa proposta de investigação. Partimos, assim, de três artigos de opinião escritos, entre junho de 2009 e agosto de 2011, e publicados no site Overmundo (os dois primeiros) e na Revista Global (o terceiro), por Barbosa e Ossowicki (2009), Szaniecki e Silva (2010) e Laranja (2011). Todos os artigos possuem, em comum, um explícito tom crítico ao projeto Porto Maravilha. Não obviamente à ideia, em si, de "melhoria urbana", mas a duas posturas, em particular: de um lado, a explícita falta de debate público em torno do conjunto de ações previstas ou já em

---

[11] Disponível em: < http://oglobo.globo.com/boa-viagem/embratur-brasil-precisa-ser-menos-samba-carnaval-futebol-para-crescer-no-turismo-2804322 >. Acesso em: 20 fev. 2017.

andamento; de outro, a conceção de cultura, arte, patrimônio e memória ali seguida. Deixemos, no entanto, o debate sobre os temas da decisão do planejamento para as implicações finais de nossas reflexões e nos concentremos aqui nas especificidades do paradigma cognitivo-cultural.

A primeira dessas discussões diz respeito ao questionamento de Barbosa e Ossowicki (2009) sobre o papel do IPHAN diante da salvaguarda dos bens culturais do Morro da Conceição no âmbito do projeto Porto Maravilha. Em sua opinião, a ação no Morro da Conceição reduziu-se a uma questão estética, em detrimento do que seria efetivamente representativo para os diversos segmentos sociais ali instalados. Alegam, com isso, a possibilidade do IPHAN estar se "dedicando apenas a um tipo de salvaguarda que mistura antigas práticas monumentalistas baseadas na contemplação estética das elites culturais com a tendência atual de transformar patrimônios em novas mercadorias a serem consumidas." Uma "coisificação" do morro, a partir de uma postura autoritária, sem diálogo com a população local, conforme denunciado pelos autores.

Nesta mesma linha de questionamento da "patrimonialização" das memórias e culturas locais – sua coisificação para um consumo global acompanhada (ou a partir) de uma relação pouco (ou nada) democrática com o poder público envolvido no processo – temos o artigo de Szaniecki e Silva (2010). Nele os autores demonstram sua preocupação quanto ao imenso encanto, atualmente em voga, despertado pelas chamadas indústrias criativas[12]. Os autores lembram inclusive o anacronismo e o paradoxo da expressão em tempos de capitalismo pós-industrial ao ressalvarem: "enquanto o termo 'criativas' sugere a substituição da repetição industrial pela invenção sobre a qual se baseia a produção pós-industrial, o termo 'indústrias' parece insistir na redução do imprevisível da criação ao previsível de uma linha de montagem." Uma linha de montagem que se estende a toda metrópole, conformando um modelo que articula produção e consumo, implicando a mobilização (inclusive economicamente) do patrimônio, do turismo, dos esportes, das galerias e, é claro, dos MUSEUS.

Modelo muito diferente, segundo os autores, da conceção existente por trás da iniciativa dos Pontos de Cultura[13], exemplo mobilizado no artigo como contraponto possível à enorme ênfase dada, pela Prefeitura do Rio de Janeiro, aos dois novos grandes museus alçados ao papel de âncoras de seu projeto. Segundo Szaniecki e Silva (2010), por trás do modelo dos Pontos de Cultura poder-se-ia ver em ação

---

[12] Proposição inglesa da década de 1990 que engloba uma série de atividades econômicas relacionadas com a geração de conhecimento e informação, tais como: publicidade, arquitetura, artes e antiquário, artesanato, design, moda, cinema e vídeo, música, artes performáticas, edição, software e serviços de informática, tevê e rádio.

[13] Parte integrante do Programa Cultura Viva, política pública do Governo Federal do Brasil que visa contemplar iniciativas culturais locais e populares. Disponível em: < http://www.cultura. gov. br/culturaviva/ponto-de-cultura/ >. Acesso em: 20 fev. 2017.

uma política pública adequada para uma sociedade-pólen[14]: na produção metropolitana contemporânea as "abelhas" produzem mel, mas, sobretudo, polinizam. Porém, é apenas quando elas conseguem produzir mel – ou seja, em um emprego formal – que são efetivamente reconhecidas. As políticas dos Pontos de Cultura, ao contrário, seriam justamente o reconhecimento da atividade de ir de flor em flor.

Assim, denotando posturas estatais completamente distintas, enquanto as "indústrias criativas" formariam a base de um modelo desenvolvimentista da sustentabilidade, as políticas dos Pontos de Cultura seriam alternativas por constituírem o princípio de um modelo polinizador, que reconhece a mobilização de um maior número de iniciativas culturais, de forma descentralizada (de "baixo para cima"), a um custo infinitamente menor que o empregado na implantação dos ditos "novos grandes museus". No entanto, ressalvam os autores, o foco de sua análise não incide tanto na questão do Estado ou na relação com o mercado quanto na constituição de uma outra esfera, nem pública nem privada, mas sim aquela do "comum": nesse caso, do comum como a cultura e na cultura. E citam:

> O comum que compartilhamos serve de base para a produção futura, numa relação expansiva em espiral.

---

[14] Os autores referem-se à metáfora da "polinização" proposta por Yann Moulier-Boutang para o trabalho contemporâneo. Conforme lembra este autor, a diversidade de flores na natureza deve-se, em parte, à polinização promovida pelas abelhas. Comparativamente, o trabalho da cultura seria mais "polinizador" (transformador) do que propriamente "produtor".

Isso talvez possa ser mais facilmente entendido em termos da comunicação como produção: só podemos nos comunicar com base em linguagens, símbolos, ideias e relações que compartilhamos. Por sua vez, os resultados de nossa comunicação constituem novas imagens, símbolos, ideias e relações comuns. Hoje, essa relação dual entre a produção, a comunicação e o comum é a chave para entender toda atividade social e econômica (HARDT; NEGRI, 2005, p.256-257).

Segundo Szaniecki e Silva (2010) é este comum (culturalmente produzido e produtivo) que o capitalismo contemporâneo visa capturar em um processo de expropriação que poderá ser visto nesses novos grandes museus – enquanto emblemas das indústrias criativas – ao capturarem desde "imagens e imaginários baseados em 'lugares comuns' cariocas (a cordialidade do povo, o malandro e a mulata, a beleza das praias, o calçadão de Copa, etc.) até as imagens e imaginários por vir". É nesse sentido que os museus seriam as "novas fábricas" em um regime de acumulação – o cognitivo – que não tem mais nas fábricas, propriamente ditas, o seu cerne.

É, assim, pela afirmação do comum na e da cultura, bem como pela afirmação de uma polinização da cultura na economia e na vida, que se posicionam aqueles autores em seu artigo. Uma defesa que, de um lado, remete-nos automaticamente ao texto anterior de Barbosa e Ossowicki (2009) sobre memória, salvaguarda de bens culturais, patrimônio etc.; de outro, desdobra-se na discussão travada no artigo de Laranja (2011), sobre o "potencial desprogramador" da arte.

27

Neste, um dos aspetos centrais para a autora é compreender o papel da produção cultural na dinamização do turismo na região, especulando sobre o modelo econômico e de gestão que utiliza dois novos grandes museus como âncoras. Assim como Szaniecki e Silva (2010), no artigo anterior, a autora aqui também enfatiza o contraste entre o investimento neles aportado e aquilo que demandariam inúmeras outras ações que poderiam fomentar diretamente a produção cultural já existente.

Próxima, portanto, da proposição do "museu como agente de captura do grande capital" do artigo anterior, Laranja (2011) avança na crítica, ampliando-a, especulando sobre o papel da produção cultural, invocado pelo Poder Público, de "ferramenta de apaziguamento de diferenças, de porta de entrada para empreendimentos econômicos e (...) [de] elemento neutralizador indireto das ações severas da prefeitura". Segundo o argumento da autora, esses grandes equipamentos não apenas contribuiriam para elevar o custo dos serviços em seus arredores e para aumentar o controle do uso do espaço público, como também inibiriam práticas sociais e culturais características e caracterizadoras da região. Chama inclusive a atenção para o processo de "apagamento" dos vestígios das culturas locais nesse processo atual de "revitalização", ainda que esta afirme – esquizofrenicamente, acrescentaríamos – o valor de consumo de tradições históricas locais. Na opinião da autora, o processo de "revitalização" da área deveria, ao contrário, basear-se no reconhecimento da produção local como motor primeiro.

Assim como Szaniecki e Silva (2010), Laranja (2011) também direciona parte de sua crítica ao conceito de "economia criativa" e às políticas que lhe estão atreladas, enfatizando que esta "está totalmente associada a um novo modelo de urbanizar: abrir espaço para o comércio em um shopping center a céu aberto, controlado e vigiado, como ocorre em diversas cidades europeias e centros urbanos históricos que são reprogramados para o consumo". Neste contexto, a autora se posiciona com força contra a "harmonia apaziguadora" que o Poder Público visa fazer surgir sobre a destruição do que é "representativo dos diversos segmentos sociais ali instalados" – para usarmos uma expressão do artigo de Barbosa e Ossowicki (2009) anteriormente comentado –, e a favor da capacidade desprogramadora, dialógica e revolucionária da arte.

Com isto em mente, o que chama, portanto, a atenção neste e nos artigos anteriores, é o "perecível" da cultura-em-ato comentado por Certeau (2008). E cultura aqui compreendida em sua aceção mais ampla, contemplando não apenas suas expressões materiais (a coisa musealizada, por exemplo), mas também seus inúmeros desdobramentos e manifestações (museus, memória, patrimônio, paisagem, *skyline*, turismo, consumo cultural etc.).

Paradoxalmente, portanto, é essa "cultura como um todo", a cultura em sua aceção mais ampla, em todas as suas dimensões, que dinamiza e revitaliza o capitalismo contemporâneo. Digo paradoxalmente porque, por um lado, ela, em si, é ato (e, portanto, perecível) e coletiva (inapropriável). E por ser ato e perecível é desprogramadora, para usarmos a expressão citada por Laranja (2011) ao se referir à arte. Logo, fonte de inovação (esse "insumo" por excelência do capitalismo contemporâneo). Porém, por outro lado, para que o processo de acumulação possa acontecer, ela precisa estar "apaziguada" e "domesticada". Isso significa que o capital precisa reduzir a cultura a algo individualizado e não-perecível para poder capturá-la sob a forma de propriedade exclusiva (inclusive por parte dos museus em sua competição em um mercado global por "focos de atenção"). Com isso, o capital realiza com a cultura, nos e pelos museus, o mesmo mecanismo de *enclosures* que as leis da propriedade intelectual realizam nas redes.

No entanto, como pudemos depreender do artigo de Szaniecki e Silva (2010), significativas transformações encontram-se em andamento no regime produtivo contemporâneo, revelando "a crise de categorias e de esquemas interpretativos de que se dotou a economia política" (CORSANI, 2003, p.16). Portanto, a questão da cultura (e, mais especificamente, de seus museus) no capitalismo contemporâneo deve ser vista na perspectiva de uma cultura-em-ato que dinamiza metrópoles que são eminentemente estruturas globais, *hubs* de fluxos de pessoas, informações e conhecimentos. A sociedade dessas metrópoles é desenhada por enxames e polinização. Não é mais o excedente de mel (tempo de trabalho), mas a excedência de polinização (tempo de relação) que embasa o processo de produção. Precisamos pensar os museus, portanto, a partir dessa outra perspetiva.

Vladimir Sibylla Pires

2.4 O levante da multidão: os museus diante da monstruosidade da carne e do desafio do comum

E aí, em meio a isto tudo, o Brasil inteiro resolve ir às ruas. E quando isso aconteceu, eu já tinha sido aprovado no referido concurso público para professor de Teoria Museológica da Escola de Museologia da UNIRIO e andava às voltas com um estágio-docência na disciplina Museologia e Comunicação I, ministrada no curso noturno daquela mesma instituição. Nessa altura, voltava a me impregnar pela bibliografia teórica da (e sobre a) área quando me deparei com a imagem daquele mar de gente em plena avenida Presidente Vargas, no Rio de Janeiro, (cf. figura 1), fazendo com que toda a leitura empreendida para as duas situações acima se deparasse com uma antiga inquietação: em tempos de capitalismo cognitivo e desmaterialização do trabalho, com formas de vida produzindo formas de vida, o que poderia, então, a forma-museu contemporânea diante da produção biopolítica do comum e do poder constituinte da multidão?

Sob o ponto de vista que estamos aqui tentando articular, e tendo trazido novamente à mente a pergunta já mencionada, foi-me impossível não pensar o quanto a referida imagem era potente e desafiadora. Não apenas pela cena de manifestação, em si, ali representada. Afinal, inúmeros são os registros, feitos ao longo do tempo, desses acontecimentos produzidos pelas mais diversas motivações, hoje preservados e expostos em museus em todo o mundo. Sob este estrito ponto de vista (museológico e documental), esta poderia ser apenas mais uma bela imagem de muita gente na rua, em um mesmo

31

dia, em um mesmo momento, contra alguma(s) coisa(s) em comum: a "representação" de algo, enfim. Espetacular, inclusive. E como já bem disse Debord (1997, p.13), "toda a vida nas sociedades nas quais reinam as modernas condições de produção se apresenta como uma imensa acumulação de espetáculos. Tudo o que era vivido diretamente tornou-se uma representação".

Porém, o que me intrigava naquela imagem tinha justamente a ver com o fato de que aquilo era muito mais do que simplesmente uma representação de algo espetacular, bem como com o fato de que muitos ali assistiam àquilo tudo como "espectadores emancipados" (RANCIÈRE, 2010). De fato, a multidão estava lá, na avenida, vivendo diretamente, apesar e contra o espetáculo. Na verdade, as várias manifestações do período (não só no Brasil, mas também no Cairo, em Istambul, Madri etc.), com a sua multiplicidade de atores sociais expressando uma multiplicidade de demandas, demonstravam que "elas não representam exatamente nada ao passo que, por um tempo mais ou menos longo, elas expressam e constituem tudo" (COCCO, 2013a). Como expressaram ainda Pilatti, Negri e Cocco (2013), "o Brasil parecia o país sul-americano mais estável e, de repente, 'a terra entrou em transe'. Independentemente dos desdobramentos futuros, a multidão mostrou sua potência." Contra e além do espetáculo, ela entrou em cena: até nos jogos de futebol.

Nesse "entrar em transe da terra", a presentificação / manifestação da potência da multidão – "a classe que se constitui nessa cooperação entre singularidades" (PILATTI; NEGRI; COCCO, 2013) – era o que mais me chamava a atenção naquela imagem espetacular da crise do espetáculo. Crise que tornou visível o despreparo da Museologia tradicional diante de acontecimentos desse gênero (despreparo este somente explicável por sua natureza essencialmente representacional, individualizante e subtrativa, justamente centrada na artificialidade de um "espetáculo" particular: o chamado "fato museal", aquele que é forjado no interior do museu a partir da relação estabelecida entre Homem e Objeto).

Foi nesse momento também que me deparei com os textos "Sobre museus e monstros" e "Monstro e multidão" da pesquisadora de design da ESDI / UERJ, Barbara Szaniecki (2013a, 2013b). O primeiro deles publicado poucos dias antes da colossal manifestação ocorrida na avenida Presidente Vargas; o segundo, cerca de um mês após.

No primeiro dos textos, a autora contrapõe o agenciamento resistente, potente, crítico e criativo da arte e da cultura feito há cerca de 10 anos pelos integrantes da Ocupação Prestes Maia, de São Paulo, e mesmo a experiência polinizadora empreendida pela rede dos Pontos de Cultura (cujas práticas se aproximariam das em andamento em favelas, ocupações, quilombos etc.) ao projeto de ativação da arte e da cultura feito pela Prefeitura da Cidade do Rio de Janeiro segundo o qual "para erguer museus gentrifica-se (...) e, para remover ou legitimar a remoção, também erguem-se museus" (SZANIECKI, 2013a). Com isso, ressalta a autora, estaríamos diante de uma "institucionalização da caretice" e de uma "domesticação da monstruosidade" segundo as quais se suprimiria toda a possibilidade de alteridade e de heterogeneidade – através da submissão de todos a um modelo único (o da "economia criativa") – e se condenariam à invisibilidade ou à desqualificação as atividades culturais de favelas, ocupações, quilombos etc. E, diante disso, se questiona: "é possível criar outras institucionalizações da arte que não modulem por meio de seus sutis dispositivos a crítica constituinte da cidadania?" (SZANIECKI, 2013a). Já no segundo dos textos citados, a autora lembra que

> o monstro é sublime. Nem belo nem feio, nem bom nem mau, nem verdadeiro nem falso, ele desconfigura nossas certezas estéticas e políticas e, nesse movimento, promove simultaneamente angústia e alegria. Contagia. (...) O monstro é a face mais politizada da multidão superprodutiva, hiperinformada, ultraconectada e cheia de opinião (SZANIECKI, 2013b).

E aponta que a "monstruação da cidade" teria se dado, meses antes da explosão que tomou as ruas de todo o país, quando da inauguração do Museu de Arte do Rio – MAR, em março de 2013. Na ocasião, "movimentos sociais e culturais manifestavam batendo lata e executando performances. Pela primeira vez, depois de muitos anos, ruidosa e provocadoramente, o Monstro mostrou a sua cara" (SZANIECKI, 2013b).

Trazendo mais para o universo deste estudo, poderíamos nos perguntar: quais os desafios que a monstruosidade dessa carne – que é a multidão (e do comum que ela produz e que é por ela produzido) – impõe aos museus e aos estudos empreendidos pela Museologia e pela Ciência da Informação? É possível que os museus acolham o comum? É possível uma Museologia da monstruosidade[15]? Ou, pelo

---

[15] Vale lembrar que, a rigor, museus e Museologia não são completamente alheios ou refratários ao tema da monstruosidade.

contrário, a monstruosidade da carne ergue-se contra a própria forma-museu?

Indo ainda mais além – e é o que nos parece mais importante diante da emergência do capitalismo cognitivo, diante daquela imagem das manifestações de junho de 2013 no Brasil e diante das inquietações advindas da análise de Szaniecki (2013a) sobre a institucionalização da arte e da cultura no Rio de Janeiro: e se museus e Museologia não tivessem mais a ver somente com a representação, mas também com a presentação? Não mais com o espaço contentor de conteúdo, mas com o comunicacional dos conteúdos no espaço? Um comunicacional produzido por (e produtor de) uma multidão (uma multiplicidade de singularidades) e que é o que simplesmente é em sua etimologia: uma ação de por em comum? A que museus e a que Museologia / Ciência da Informação corresponderia isso?

2.5 Delimitando o problema e formulando algumas questões

Apesar desse "mapeamento" inicial ter sido suscitado por acontecimentos reais – de um lado, pelas transformações urbanísticas pelas quais o Rio de Janeiro vem passando; de outro, pelos protestos que tomaram as ruas de nossas cidades a partir de 2013 –, o presente trabalho não é uma pesquisa

---

Afinal, de um ponto de vista político e filosófico, ambos nascem em decorrência da domesticação da monstruosidade empreendida por Hobbes com o seu Leviatã; de um ponto de vista científico, acolhem, a partir das Grandes Navegações e dos Gabinetes de Curiosidades, tudo aquilo que é diferente, tratando-o como exótico, curioso ou mesmo monstruoso; sob o ponto de vista da estética, acolhem tanto a monstruosidade do sono da razão de Goya como a monstruosidade da Guerra de um Picasso; e por falar em guerra, a monstruosidade dos campos de concentração vira, ela própria, um museu.

participante, nem se pretende um estudo de caso. Ao contrário, é eminentemente teórico (ou essencialmente especulativo, para sermos ainda mais precisos), e tem como macrotema a estreita relação estabelecida entre sociedade, cultura e território no capitalismo cognitivo. Dentro deste macro recorte, como já apontado, nossa preocupação específica é com o papel do museu (não todo e qualquer um, como se a palavra designasse um ente abstrato generalizante e a tudo englobante, mas um tipo em particular: o "novo grande museu", o "museu imperial", conforme designação do museólogo Mario Moutinho) frente à centralidade assumida, hoje em dia, por essas dinâmicas sociais (cultura-em-ato) que dinamizam a metrópole onde aquele se instala e atua.

Em nossa perspetiva, tais dinâmicas socioculturais são, antes e acima de tudo, comunicacionais. E como no capitalismo cognitivo, cultura e comunicação são estruturantes da produção, elas são, em si, informacionais (no sentido de que constituem a informação que é significativa para o desenvolvimento do capitalismo contemporâneo). São, portanto, alvos (e agentes) de processos de captura com vistas a dar prosseguimento aos esforços permanentes do grande capital no que tangem a geração e a extração de valor. Mas são também, por outro lado, e em decorrência disso, arenas abertas ao conflito e às resistências. Isto porque, no capitalismo contemporâneo, o trabalho desmaterializa-se e a produção torna-se biopolítica – produção biopolítica e multitudinária do comum –, do que resulta que não é apenas o documentado que é "posto a falar" quando o regime de acumulação torna-se cognitivo: corpos, relações, afetos, subjetividades, humores, amores, memórias, linguagem – as diversas dimensões e manifestações da vida e da cultura, enfim – também o são.

Se este é o cenário com o qual nos deparamos após a crise do regime de acumulação fordista, então talvez não possamos mais ler o museu, principalmente esse tipo de museu (muito menos sua relação com a cultura, a cidade, o objeto, seu público etc.), da forma como vínhamos lendo até então: pelo mesmo instrumental e mesmo arcabouço teórico legados pela modernidade e atualizados pelo imaginário e ideário de uma sociedade industrial. Em tempos pós-industriais, precisamos lançar mão de conceitos e noções adequados a esta nova realidade. E fazer com que os estudos interdisciplinares empreendidos pela Ciência da Informação e pela Museologia considerem outros aspetos na análise do fenômeno-museu (e a própria informação, em si, sob outra ótica).

Especular sobre tudo isso, portanto, é o que pretendemos com este estudo. Para tanto, tecemos alguns questionamentos preliminares (dentre inúmeros outros possíveis de serem feitos) que nos guiaram em nossas leituras e análises, mas que não serão obrigatoriamente respondidos ao longo desse trabalho, a saber:

1) Qual o efetivo papel do museu – em particular do grande museu, do museu-grife, do museu global, do museu "imperial" etc. – quando o capitalismo torna-se cognitivo? Qual o seu estatuto diante desta realidade pós-industrial?

2) Qual a relação desse museu com a metrópole global, em geral, e com as dinâmicas infocomunicacionais da multidão que lhe dão vida (multidão como

multiplicidade de singularidades, surgida da crise da representação e da mediação), em particular?

3) Que papel esses museus desempenham nos processos de revitalização e/ou requalificação urbana?

4) Se considerarmos os museus, em geral, e os aqui considerados, em particular, como uma "tecnologia" de informação e comunicação – TIC, e se compreendermos que as TICs não podem funcionar independentemente dos conteúdos que veiculam, qual o estatuto da obra / informação musealizada atualmente? Com que intenção ela (ainda) é musealizada?

5) Se a antropologia já demonstrou (clara e plenamente) que a cultura, em si, é fonte de inovação, que a criação é coletiva e colaborativa, o que então vai para esses novos grandes museus, geralmente de arte, se arte é a própria vida?

6) Por outro lado, por que (ainda) a necessidade / veneração pela "obra única do gênio singular" musealizada ou patrimonializada? Qual o sentido do "original" (seja em relação à obra, seja em relação a um lugar) em um mundo cada vez mais digital, virtual, em rede, baseado no espetáculo e no entretenimento? Portador de uma autenticidade "não-aurática" (GONÇALVES, 1988), advinda justamente das possibilidades de reprodutibilidade técnica (BENJAMIN, 1994a)?

7) Se a globalização faz surgir um comum da / na cultura, é possível (necessário?) Sua musealização / patrimonialização? E a formação / constituição de

museus "para" o comum? O que isto, de fato, significaria?

8) Se uma das características do mundo globalizado é o crescente nomadismo e se a tecnologia pode capturar, para dentro de um dispositivo eletrônico portátil, a informação disponível nos museus, e mesmo a "experiência" diante das suas obras de arte, para que então museus? Ou, então, para que novos museus? E especificamente museus de arte? Quais são os seus principais desafios hoje? E qual é o seu futuro?

9) O que pode, portanto, o museu diante da produção biopolítica do comum e do poder constituinte da multidão?

10) Que transformações estruturais, enfim, são impostas à forma-museu moderna (institucional e representacional) e à Teoria Museológica com o advento do capitalismo cognitivo?

Diante do aqui apresentado, sugerimos duas macro hipóteses de trabalho.

1) No capitalismo cognitivo, os museus formam parte de um dispositivo de valorização do capital que se vale da cultura e das dinâmicas infocomunicacionais que dão vida ao território onde aqueles estão instalados e atuam – Os museus que, nos últimos séculos, formaram parte significativa e atuante de dispositivos de poder, saber e subjetivação, também se tornaram, no capitalismo cognitivo – em particular os grandes museus, os museus-grife, os museus globais, os museus imperiais etc. –, parte de um dispositivo de valorização do capital estruturado na estreita relação estabelecida entre o território, o dinamismo criativo e inovativo das multidões metropolitanas (suas práticas informacionais e dinâmicas comunicacionais) e o comum por elas produzido / delas produtor, ou seja, baseado na cultura em sua aceção mais ampla (aí incluídos desde a sua dimensão antropológica até a arte, o design, a moda, o turismo, o espetáculo, as afetividades, as subjetividades, a memória, o patrimônio etc.).

Para bem compreendermos esta proposição é preciso que levemos em conta ainda os seguintes desdobramentos (sub-hipóteses):

a) A informação que é significativa para o capitalismo cognitivo é de natureza biopolítica – No capitalismo cognitivo, o "informacional" – aquilo que é verdadeiramente significativo para a sobrevida do sistema – não se encontra mais (ou tão somente) materializado naquilo que chamamos de "objeto-informante": algo capturado para dentro de nossas instituições de memória ou preservado em poderosos bancos de dados (no caso dos museus, em suas reservas técnicas). É, na verdade, o comum linguístico, afetivo, relacional, cultural, acontecimental, cooperativo produzido pela (e produtor da) multidão contemporânea: uma informação que aqui chamaremos de "biopolítica" (pois atrelada ao ser vivente enquanto tal – criativo, comunicacional, afetivo, relacional, produtivo – e à cultura-em-ato), que vem se transformando na principal fonte de produção de valor e, por isso mesmo, na "nova fronteira" a ser colonizada / mercantilizada pelo capital.

b) Por ser biopolítica, a "obra" (em-ato, imaterial e coletiva) derivada das dinâmicas metropolitanas

contemporâneas impõe um dilema aos museus aqui considerados – Se a informação biopolítica é a informação que passa a ser efetivamente a mais significativa para a dinâmica capitalista contemporânea (tanto quanto – ou mesmo mais que – aquela preservada em poderosos bancos de dados), e se sua natureza é eminentemente coletiva, colaborativa e em-ato, então os grandes museus do capitalismo contemporâneo podem vir a se encontrar diante de um possível paradoxo / dilema neste processo / papel de valorização do capital visto que, enquanto a criação é evidentemente coletiva e a arte é eminentemente a própria vida, o cerne da valorização capitalista a partir da cultura ainda se baseia na premissa moderna da relação sujeito-objeto, com a objetivação / objetificação (e, por consequência, a captura / musealização) de uma arte compreendida como gesto *ex-nihilo* de um gênio singular (o que potencializaria o seu anacronismo);

c) **O dilema imposto por essa "obra" ser de outra natureza (biopolítica) impõe aos museus um "sair de si" em direção às metrópoles, ao comum nelas produzido e à multidão que as animam em um devir-metrópole dos museus (e, portanto, um devir-museu do comum)** – Por estarmos diante de um dispositivo de valorização do capital que se baseia na cultura-em-ato, na cultura em sua aceção mais ampla (incluindo aí os seus desdobramentos em turismo, memória, patrimônio etc.), faz-se necessária como que uma sua extrapolação em um devir-museu das metrópoles / devir-metrópole dos museus. Isto, porém, em uma dimensão tal que vai muito além da simples ampliação do escopo de atuação de uma museologia adstrita ao edifício do museu e às coleções nele preservadas para uma musealização do território e de modos de vida, conforme propugnado pelas experiências museísticas a partir dos anos de 1960 e 1970 e dos aportes teóricos advindos da Mesa de Santiago do Chile (1972) e do Movimento Internacional para uma Nova Museologia – MINOM (1984/85). O devir-museu das metrópoles / devir-metrópole dos museus ao qual nos referimos basear-se-ia em um "olhar museológico" renovado: uma patrimonialização / musealização generalizada (não só do território em si, mas também dos seus próprios agentes, de suas subjetividades, de seus devires – um "museu" de mim, do outro, dos encontros, dos acontecimentos, do comunicacional etc.): maneira privilegiada de (se tentar) capturar e privatizar a informação biopolítica da cultura-em-ato, procedimento necessário para garantir a valorização do capital e a sobrevida do sistema como um todo. Alerta de conformação, portanto, de um novo espaço de lutas e resistências.

2) Diante da mudança paradigmática representada pelo capitalismo cognitivo, o museu assim descrito encontra-se potencialmente em um momento de inflexão e, por isso, aponta para a emergência de um pós-museu, um museu para além do que entendemos como tal – Se o capitalismo cognitivo se vê diante de uma informação que é biopolítica; se a globalização faz (res)surgir a ideia de comum; se a crise geral do projeto moderno faz (res)surgir a figura política e social da multidão, se a multidão não constitui um corpo (mas sim uma carne), então a análise e compreensão do papel do museu na contemporaneidade demanda que prossigamos para além de seus pressupostos modernos, incorporando conceções e instrumental teórico-conceitual tal que nos permitam discutir quatro de seus principais elementos constituintes, a saber:

a) sua institucionalidade (diante da eventual passagem de um contratualismo para um comunismo),

b) a quem se destina (diante da eventual passagem de um público espectador conformado por indivíduos individuados para uma multiplicidade de agentes composta de singularidades e devires),

c) o que visa musealizar (diante da eventual passagem da significância incidindo sobre um objeto-informante para uma informação biopolítica imersa em dinâmicas infocomunicacionais acontecimentais) e

d) onde ocorre sua ação (diante da eventual passagem do espaço contenedor – edifício, território delimitado musealizado ou mesmo sítio na web – para um território-conteúdo, um território redimensionado, pois conformado por uma rede de redes e ruas).

Somente com esta discussão será possível compreendermos o quanto o museu contemporâneo está ou não rompendo com seu *ethos* moderno (objetual, subtrativo, individualizante, centrado na *opera prima* e na *master piece*) e se abrindo para novas configurações, conformações, novos espaços de conflito. Isto porque esse possível outro modelo de museu – um museu verdadeiramente pós-moderno, um pós-museu – advirá não simplesmente com a construção de novos edifícios esculturais com placas de titânio, com a incorporação de técnicas de mercado à sua gestão ou mesmo a adoção de experimentações sensoriais auxiliadas por equipamentos de realidade aumentada. O museu pós-moderno, portanto, não é uma questão de estilo arquitetônico ou do tipo de tecnologia empregada em seu funcionamento. Tem a ver, na verdade, com a construção de outra modernidade – uma modernidade alternativa à que herdamos dos séculos XVIII e XIX. E, para isso, é preciso que questionemos e superemos os ditos elementos constituintes.

Para nos ajudar no prosseguimento destas reflexões, os próximos capítulos apresentarão, de um lado, uma síntese dos marcos teóricos mobilizados (no que concernem à emergência do capitalismo cognitivo; à contribuição da antropologia contemporânea; ao museu e à Museologia aqui considerados); de outro, uma sugestão de reperspectivamento da forma como a Ciência da Informação e a Museologia podem investigar e analisar a emergência e o papel de tal pós-museu no capitalismo contemporâneo diante das dinâmicas infocomunicacionais que dão vida à metrópole global (e com as quais ele interage).

3 BREVES MARCOS TEÓRICOS

3.1 O que depreender da emergência do capitalismo cognitivo?

Ao falarmos das transformações no capitalismo contemporâneo, não o fazemos, obviamente, para empreender um exaustivo estudo dos determinantes econômicos da crise no regime fordista, nem para discutir os impactos políticos e sociais decorrentes do pós-fordismo. Nossa intenção, ao contrário, é chamar a atenção para aqueles elementos caracterizadores do capitalismo atual que, do ponto de vista que aqui nos interessa − qual seja o do museu tradicional contemporâneo como herdeiro de uma relação histórica com o poder que o institui, subsumido em um quadro maior conformado por modos de produção e regimes de acumulação (expresso no que chamaríamos de "fantasma moderno") −, talvez possam ser compreendidos como partes de uma rutura com a centralidade disso que aqui estou chamando − por enquanto de forma ainda pouco refletida − de "objeto-significante" (cf. nota 2, p.15). Rutura a partir da qual tornar-se-ia necessária uma revisão, por parte da Ciência da Informação (e mesmo da Museologia), do olhar sobre o papel do museu contemporâneo.

Explicando melhor: desse nosso ponto de vista, um dos principais aspectos do projeto moderno ao qual o museu contemporâneo está vinculado é aquele que vai do estabelecimento da clivagem entre cultura e natureza até a instauração de um sistema centrado na produção e circulação de objetos dotados socialmente de significado (objetos-significantes, portanto) e, por extensão, das estruturas de mediação e representação aos quais aqueles se ligam. Um processo que passa pela racionalização e progressiva "objetificação" do mundo, pela conformação de um sujeito-criador, pelo sistemático estabelecimento de mecanismos de captura e privatização dos processos e produtos desse mundo "objetificado", pelo desenvolvimento de um contexto social contratualista e pela gradual e sistemática alienação e disciplinarização do sujeito-criador para efetivo controle do intempestivo e do imponderável, com vistas à sobrevida, ao crescimento e à perpetuação, em moldes lineares e incrementais, de todo o processo.

Nesta perspetiva, podemos ver o fordismo-taylorismo como a pletora do modelo fabril que continha, dentro dele, forças que o levariam à própria derrocada desse modelo. Elementos anunciadores da completa transformação do regime de acumulação e de valorização capitalistas, que passaria – depois de uma longa fase de transição – de fabril a cognitivo. Um contexto novo no qual o padrão de acumulação passou a se basear eminentemente nos processos reprodutivos (tornados produtivos), e onde ocorre uma emancipação em relação à ordem do chão de fábrica e à relação salarial; onde nos deparamos com transformações aceleradas no ambiente produtivo (possibilitadas pela integração das novas tecnologias de informação e comunicação ao referido ambiente) e pela conformação de redes sociotécnicas capazes de sustentar e desenhar os territórios de uma cooperação produtiva, atualizando a virtualidade produtiva constituída pela sociedade e que impõe a produção constante e intermitente do "novo" (COCCO, 1999; COCCO; SILVA; GALVÃO, 2003).

Uma nova forma como o capital é dotado de valor, portanto, lembrada por Corsani ao dizer que podemos, citando B. Paulré,

> opor um período histórico no curso do qual o valor tinha origem na produção de bens homogêneos e reprodutíveis a um período histórico novo no curso do qual o valor tem origem principalmente na mudança e na inovação (...) Em uma sociedade pós-fordista e cognitiva, é a inovação que se transforma no principal fator de valorização (CORSANI, 2003, p.16).

Ou como pondera a própria Corsani:

> No período fordista, a inovação já existia, mas apenas como exceção, pois a valorização repousava essencialmente sobre o domínio do tempo de reprodução de mercadorias padronizadas (...). O tempo em questão era um tempo sem outra memória senão a corporal, a do gesto e de uma cooperação estática, inscrita na divisão técnica do trabalho e determinada segundo os códigos da organização científica do trabalho. No pós-fordismo, esta exceção que era a inovação torna-se a regra. A valorização repousa então sobre o conhecimento, sobre o tempo de sua produção, de sua difusão e de sua socialização, que as NTIC permitem, enquanto tecnologias cognitivas e relacionais (CORSANI, 2003, p.17)

Instalada, assim, no cerne dessa sociedade e desse novo regime de acumulação baseados no conhecimento e na inovação, a noção de "trabalho imaterial" é, por nós, identificada como central para o desenvolvimento da argumentação aqui pretendida.

Uma noção inicialmente recuperada por Negri, Lazzarato e Virno nos anos 1990 e introduzida, a partir de Marx, na renovação da corrente neomarxista italiana conhecida como *operaísmo*. Um conceito que atravessa as décadas subsequentes dialogando com uma série de debates: nos anos 1970, com a "metamorfose" do operário massa taylorista (concentrado em grandes fábricas e "destituído" de sua subjetividade pela organização capitalista da produção) em operário social, conforme a proposição de Antonio Negri e sua recusa de separação entre setores produtivos e improdutivos, para o que propugnou a "centralidade de figuras sociais cujas dimensões produtivas não dependiam mais da inserção na relação salarial central" (COCCO, 2001, p.21). Na virada dos anos 1980 para 1990, diante dos debates franceses sobre reestruturação produtiva, crise do fordismo e transformações do trabalho (COCCO, 2001, p.7). Por fim, nos anos subsequentes com as contribuições, entre outras, de Sergio Bolonha sobre o "trabalho autônomo", de Christian Marazzi sobre a "produção de mercadorias por meio de linguagem" e de Paolo Virno sobre o *General Intellect* de Marx "e o sujeito político adequado a este nível de socialização das forças produtivas: a 'intelectualidade de massa'." (LAZZARATO; NEGRI, 2001).

3.1.1 Trabalho vivo e social

Grosso modo, o que este conceito expressa é o conjunto de transformações ocorridas na esfera produtiva ao longo da segunda metade do século passado e que podem ser apreendidas pelo caráter dominante das externalidades, ou seja, um "transbordamento" no que tangem os lugares de produção de riquezas e de circulação: "em outros termos (...), se o que é exterior ao mercado e exterior à firma ultrapassa a firma e o mercado é porque a produção de riquezas está em outro lugar que não a firma, e o mercado não é representativo da troca de riquezas." (Corsani, 2003, p.15) Transformações que vêm tangenciando (alterando), enfim, não apenas a natureza do trabalho (e da forma como se produz valor) e a natureza do espaço onde a produção ocorre, mas também a própria natureza do sujeito produtor (e da subjetividade mobilizada), bem como a do tempo de produção.

Corsani (2003, p.16) continua: "para compreender essa passagem paradigmática (...) seria necessário (...) parar de pensar a produção de conhecimentos encerrando-a na produção de mercadorias". É inclusive o que deixa transparecer a tese apresentada por Lazzarato e Negri (2001, p.26-27): "o ciclo do trabalho imaterial é pré-constituído por uma força de trabalho *social e autônoma*, capaz de organizar o próprio trabalho e as próprias relações com a empresa. Nenhuma organização científica do trabalho pode predeterminar esta capacidade e a capacidade produtiva social." Ou como caracteriza Cocco (1999, p.269): "precisamos pensar o deslocamento de paradigma, ou seja, a passagem da hegemonia social do chão de fábrica (do qual o fordismo foi o auge) para um regime de acumulação (pós-fordista) onde produção e circulação se confundem com uma cooperação social que a fábrica não padroniza mais". Ou como ponderam Rodríguez e Sánchez:

Para poder perpetuarse, el capitalismo tuvo que salir de la fábrica e infiltrarse en ámbitos que estaban al margen de la economía de mercado, invadiendo espacios ligados a la producción cultural, artística y afectiva (en los que se estaba articulando una cooperación social de naturaleza utópica pero de gran potencial transformador) y convirtiendo en mercancía todo tipo de objetos, relaciones y procesos cognitivos e inmateriales (RODRÍGUEZ; SÁNCHEZ, 2006, [p.3]).

Um trabalho vivo conforme a antecipação do próprio Marx nos *Grundrisse* (*apud* COCCO, 1999, p.274) que não se subsume mais dentro do sistema de máquinas (trabalho morto): "trabalho imaterial é trabalho não-materializado mas vivo, que existe como processo e como ato". E sendo processo e ato, social, portanto: "é o desenvolvimento do indivíduo social que se apresenta como o grande pilar de sustentação da produção e da riqueza" (MARX *apud* LAZZARATO; NEGRI, 2001, p.28).

3.1.2 Mobilização dos territórios e a conformação de redes de redes

Sendo o trabalho vivo eminentemente social, a rearticulação espaço-temporal da produção industrial, inclusive com a consequente emergência dos territórios das redes, implica na centralidade do trabalho vivo. A automação acaba, desta forma, na amplificação do papel do trabalho. Assim, "a difusão territorial dos processos produtivos não se limita (...) a meras lógicas de externalização e terceirização (...) [implicando] uma reversão da própria relação que liga a fábrica a seu entorno (...)" (COCCO, 1999, p.273). Ao mesmo tempo, ainda segundo Cocco (1999), o mercado entra na fábrica, o regime fabril generaliza-se para a sociedade e o desempenho das empresas depende cada vez mais do território (neste caso, entendido como meio social).

O novo ciclo econômico qualifica-se, portanto, pela integração produtiva dos consumidores (o usuário/consumidor transforma-se em usuário/produtor) e pela proliferação disseminada dos atos criativos, linguísticos e comunicativos: "se o consumo se torna produtivo e a vida é mobilizada, enquanto tal, dentro dos processos de valorização, é porque o intercâmbio linguístico se torna produtivo" (COCCO, 1999, p.274). Com isso, as redes conformadas pelas NTIC tornam-se estratégicas, assim como os recursos sociais e culturais distribuídos nos territórios: "a desnacionalização do capital físico-material é seguida pela nacionalização do saber, o comando sobre sua organização" (COCCO, 1999, p.275). Isso faz com que "hoje em dia, o conflito se dá diretamente dentro das condições de integração de produção e reprodução – dentro da produção de formas de vida. (...) [Ele] não sucede à mobilização produtiva, mas a determina e constitui" (SILVA; COCCO, 2006, p.192).

Cocco, Silva e Galvão (2003, p.10) assim concluem o papel da rede: "é o elemento específico que convoca os novos sujeitos e torna ativa a cooperação". Porém, Silva e Cocco lembram:

> A equação capitalista entre a procura de uma difusão cada vez mais rápida e a imposição de uma socialização

cada vez mais lenta ocorre a custos incalculáveis. Os produtos do trabalho cognitivo (e, mais em geral, do trabalho imaterial) não precisam da relação com o capital para serem produzidos e não pertencem mais ao capital, pois tendem a coincidir com as próprias redes sociais de cooperação. (...) [No entanto], para se tornar valor, a riqueza deve ser difusa (pública), mas não pode ser socializada (comum). O público e o comum são mantidos separados. (...) [Assim], a equação do capitalismo cognitivo é paradoxal, pois a produção da riqueza não pode mais se separar das condições de sua fruição: produzir o mundo, produzir formas de vida, é a mesma coisa que fruí-lo – reproduzir a própria vida social. A substância da riqueza depende da relação íntima e inquebrantável de suas dimensões públicas e comuns (...). Os novos territórios produtivos são justamente os desenhados pela convergência do público e do comum (SILVA; COCCO, 2006, p.194-195).

3.1.3 Sujeito cooperativo, autônomo e virtuosístico

Encontramo-nos, portanto, em um regime de acumulação que "implica a mobilização da subjetividade do trabalhador, de sua capacidade de enfrentar o aleatório, o imprevisível, o evento" (COCCO, 1999, p.270), e onde a acumulação acontece pelo não reconhecimento dessa subjetividade.

Segundo Lazzarato e Negri (2001, p.30):

quando o trabalho se transforma em trabalho imaterial e o trabalho imaterial é reconhecido como base fundamental da produção, este processo não investe somente a produção, mas a forma inteira do ciclo 'reprodução-consumo': o trabalho imaterial não se reproduz (e não reproduz a sociedade) na forma de exploração, mas na forma de reprodução da subjetividade.

O valor não é mais excedente quantitativo de tempo de trabalho, mas excedência qualitativa de subjetividade: formas de vida. A hegemonia do trabalho implica uma nova dimensão do conhecimento, algo como o *General Intellect* preconizado por Marx: transformação constitutiva dos sujeitos sociais (autônomos e independentes) (LAZZARATO; NEGRI, 2001, p.36).

Com isso, "os novos movimentos sentem a necessidade de ser os lugares de definição do poder", aqui entendido em termos foucaultianos de "ação sobre outra ação" (LAZZARATO; NEGRI, 2001, p.37). A mudança é oriunda de maio de 1968, momento que produziu toda "uma fenomenologia que implica toda uma nova 'metafísica' dos poderes e dos sujeitos. Os focos de resistência e de revolta são 'múltiplos'(...). A definição da relação com o poder é subordinada à 'constituição de si' como sujeito social" (LAZZARATO; NEGRI, 2001, p.33-34). E isto sem necessidade de passar pelo trabalho ou pelo político (no sentido de "aquilo que nos separa do Estado", segundo a definição de Marx). Portanto,

> aquilo que nos parece importante é considerar a descoberta foucaultiana da 'relação de si' enquanto dimensão distinta das relações de poder e de saber. Esta dimensão, desenvolvida nas suas lições dos anos de 1970 e na sua última obra, nós a interpretamos como indicativa da constituição da 'intelectualidade de massa'.

'Intelectualidade de massa' que se constitui (...) como processo de subjetivação autônoma que não tem necessidade de passar pela organização do trabalho para impor a sua força; é somente sobre a base da sua autonomia que ela estabelece a sua relação com o capital. Esta aproximação foi em seguida aprofundada no trabalho de Deleuze, que trata de compreender como a interface comunicacional que se impõe aos sujeitos se transforma, se insere (do externo da relação) no interno da atividade; do externo das relações de poder no interno da produção de potência. (...) A subjetividade, como elemento de indeterminação absoluta, torna-se [em Foucault e Deleuze] um elemento de potencialidade absoluta. (...) O processo de produção de subjetividade, isto é, o processo de produção *tout court*, se constitui 'fora' da relação de capital, no cerne dos processos constitutivos da intelectualidade de massa, isto é, na subjetivação do trabalho." (LAZZARATO; NEGRI, 2001, p.34-35)

Intelecto e trabalho que se fundem e fazem vir à tona, segundo Virno (2001), a base sobre a qual a noção de trabalho imaterial se constrói no mundo contemporâneo: a partir da desintegração da divisão clássica da experiência humana em trabalho (ou *poiesis*), ação política (ou *práxis*) e intelecto (ou vida da mente). Uma distinção clara e precisa até a época fordista[16], hoje sem sentido, visto que o trabalho nos dias de

---

[16] "O trabalho é a troca orgânica com a natureza, produção de novos objetos, processo repetitivo e previsível. O intelecto puro possui uma índole solitária e não-aparente: a meditação do pensador escapa do

54

hoje passou a absorver inúmeras características típicas à ação política, com as quais se hibridizou, engendrando um dos traços fisionômicos do trabalhador contemporâneo: o seu virtuosismo, tópico a ser melhor desenvolvido mais adiante.

3.1.4 Tempo global e produção intermitente do novo

Em função dessa transformação radical do sujeito diante da produção (de pura subordinação ao capital para uma potência / capacidade produtiva baseada na linguagem e na cooperação), encontramo-nos em um regime de acumulação que mobiliza o tempo global da vida, onde os tempos de produção e de lazer são indistinguíveis. No dizer de Cocco, Silva e Galvão (2003, p.11):

> nas mudanças econômicas, tecnológicas, sociais e culturais que acompanham a emergência e a ampla difusão das novas tecnologias de informação e comunicação (NTIC) e a dimensão cognitiva da economia, a produção constante e intermitente do 'novo' impõe-se como um elemento comum, evidenciando deslocamentos paradigmáticos com profundas implicações na própria relação entre trabalho e vida. A produção do novo aparece como questão

---

olhar dos outros; a reflexão teórica silencia o mundo das aparências. Diferentemente do trabalho, a ação política intervém nas relações sociais, não sobre os materiais naturais; tem a ver com o possível e o imprevisto; não preenche de objetos ulteriores o contexto onde opera, mas modifica esse contexto mesmo. (...) Pois bem, essa antiga tripartição, todavia, (...) é precisamente a que entrou em decadência. Dissolveram-se os confins entre a pura atividade intelectual, a ação política e o trabalho" (VIRNO, 2001, p.14).

essencial para a ciência econômica na medida em que implica a inserção do aleatório, da incerteza e de desequilíbrio no cerne da atividade produtiva. (...) Desse modo (...) impõe-se novamente a questão: como o novo é produzido? Quem (ou o quê) produz e introduz o novo no seio da atividade econômica.

Mas o conhecimento, por si só, não pode explicar o novo: "o sujeito do evento inovador deve (...) ser encontrado em outra instância" e isto significa que a teoria schumpeteriana e aquela dos evolucionistas, por sua vez, não dão mais conta pois eles mantêm a inovação nas mãos do empresário ou, de toda maneira, nas mãos da empresa. Por isso, Corsani (2003) questiona-se sobre que teoria do sujeito criador poderia fundar a análise do fato inovante.

Retomaremos e ampliaremos esta problemática no próximo bloco ao dialogarmos com a noção de cultura mobilizada pela antropologia contemporânea. Antes, no entanto, finalizaremos o presente bloco com uma breve apresentação de duas ideias complementares ao que já foi aqui exposto – as noções de "comum" e de "multidão" – por acreditarmos que elas também contribuirão para a nossa proposição.

3.1.5 O poder constituinte da multidão e a produção biopolítica do comum

Embora Hardt e Negri (2009) apontem a constituição do "comum" como efeito primário da globalização, podemos perfeitamente associá-la também às transformações em torno do trabalho no capitalismo contemporâneo anteriormente comentadas. Isto porque, para esses autores, o "comum" é tanto os bens comuns – os recursos naturais que a humanidade compartilha (como o ar, a água, a terra etc.) – como também (e mais importante) o próprio resultado de toda a produção social, necessário para a interação social e, consequentemente, para as produções ulteriores. Com isso, estão se referindo a conhecimentos, linguagem, códigos, informação, afetos etc. Ou seja, a base do que foi aqui apresentado como trabalho imaterial e *general intellect*.

Isso porque

> las formas contemporâneas de producción y acumulación capitalista (...) paradójicamente hacen posible e inclusive exigen expansiones de ló común. El capital (...) no es una forma pura de comando sino uma relación social, y depende (...) de subjetividades productivas que son internas pero antagonistas a él. A través de los procesos de globalización, el capital no solo reúne toda la tierra bajo su comando sino que también crea, invierte, y explota la vida social en su totalidad, ordenando la vida según las jerarquias del valor econômico. En las formas recientemente dominantes de producción que implican información, códigos, conocimiento, imágenes y afectos, por ejemplo, los productores exigen cada vez más um alto grado de libertad así como acceso abierto a lo común, especialmente em sus formas sociales, tales como redes de comunicación, bancos de información, y circuitos culturales" (HARDT; NEGRI, 2009, p.4)

O desenvolvimento dessas "subjetividades produtivas", cerne do capitalismo cognitivo e do trabalho imaterial, na verdade, faz transparecer a característica biopolítica da produção contemporânea, qual seja, formas de vida produzindo formas de vida: "el núcleo fundamental de la producción biopolítica (...) no es la producción de objetos para sujetos, como es entendida a menudo la producción de mercancias, sino la producción misma de subjetividad." (HARDT; NEGRI, 2009, p.4). Assim, na medida em que a produção no capitalismo cognitivo não pode mais ser encarada somente em termos econômicos, mas sim de forma mais ampla (produção social), em termos econômicos e a partir de figuras sociais de grande heterogeneidade. Essa nova composição do trabalho não cabe mais no conceito de classe operária. Junto com a classe operária são todas as categorias sociológicas da modernidade que não funcionam mais. É preciso olhar além da classe, mas também do "povo" e da "massa".

Enquanto o "povo" faz transparecer uma conceção unitária, a "massa" caracteriza-se pela indistinção de seus integrantes e a "classe operária" designa basicamente o trabalhador industrial assalariado, a "multidão" – este outro sujeito social resgatado à filosofia política por Hardt e Negri (2005, p.12) – é múltipla e "composta de inúmeras diferenças internas que nunca poderão ser reduzidas a uma unidade ou identidade única [povo] (...). A multidão é uma multiplicidade de todas essas diferenças singulares", que sequer cabe na "massa". E é nisso que residem tanto seu aspecto econômico como sua dimensão política.

Há pois uma relação direta e recíproca entre multidão e comum:

> na medida em que a multidão não é uma identidade (como o povo) nem é uniforme (como as massas), suas diferenças internas devem descobrir *o comum* [*the common*] que lhe permite comunicar-se e agir em conjunto. O comum que compartilhamos, na realidade, é menos descoberto do que produzido. (...) Nossa comunicação, colaboração e cooperação não se baseiam apenas no comum, elas também produzem o comum, numa espiral expansiva de relações. Esta produção do comum tende atualmente a ser central a todas as formas de produção social, por mais acentuado que seja seu caráter local, constituindo na realidade a característica básica das novas formas dominantes do trabalho hoje. Em outras palavras, o próprio trabalho, através das transformações da economia, tende a criar redes de cooperação e comunicação e a funcionar dentro delas. Todo aquele que trabalha com a informação e o conhecimento (...) dependem do conhecimento comum recebido de outros e por sua vez criam novos conhecimentos comuns. Isto se aplica particularmente a todas as formas de trabalho que criam projetos imateriais, como ideias, imagens, afetos e relações. Daremos a este novo modelo dominante o nome de 'produção biopolítica', para enfatizar que não só envolve a produção de bens materiais em sentido estritamente econômico como também afeta e produz todas as facetas da vida social, sejam econômicas, culturais ou políticas" (HARDT; NEGRI, 2005, p.14-15).

Já do ponto de vista político, como o que a multidão produz é, sobretudo, formas de vida e relações sociais, sua produção econômica é, em outras palavras, ela própria, tendencialmente uma tomada de decisão política (HARDT; NEGRI, 2005). Na verdade, como o conceito de multidão "se liga à existência de singularidades definidas por sua capacidade de expressar trabalho imaterial e pela potência de reapropriar-se da produção através do trabalho imaterial (...) podemos dizer (...) que a forma política da produção [da multidão] (...) é a democracia absoluta" (NEGRI, 2003, p.145), ou seja, uma forma de poder incompatível com a soberania. A multidão é potência. Sua consistência, constituinte. Isto porque o comum que a caracteriza como pressuposto é ele mesmo produtivo e constituinte (NEGRI, 2003, p.155).

A política contemporânea, desta forma, tornada comunicacional, expressa-se pela luta de libertação (ou de controle) do sujeito da comunicação. "A unidade da política, do econômico e do social é determinada na comunicação; é no interior desta unidade, pensada e vivida, que os processos revolucionários podem hoje ser conceituados e ativados" (LAZZARATO; NEGRI, 2001, p.40). Desta forma, complementa Cocco (1999, p.275), "as verdadeiras questões estratégicas emergem no nível dos processos de territorialização e espacialização desse trabalho imaterial".

3.2 As dimensões antropológicas da transformação

O trabalho contemporâneo – trabalho vivo e imediatamente social –, produzido por uma multidão de singularidades constituída por (e constituinte de) um comum (linguístico, afetivo, comunicacional, relacional etc.) disperso pelo território das redes e das ruas, implica nesta readequação da forma como analisamos o museu contemporâneo articulando a assunção das mudanças ocorridas no paradigma produtivo com a igual complementação teórico-conceitual no que tange a questão da cultura. Afinal, é (também) dela que estamos falando ao tratarmos da desmaterialização do trabalho, da sua difusão social e territorial, da conformação de um comum, bem como da crescente centralidade do papel exercido por uma nova subjetividade no processo produtivo contemporâneo. Uma subjetividade que mantém uma relação não dialética com o capital, mas sim alternativa, ou seja, que "constitui-se no plano da potência, e não somente no do poder" (LAZZARATO; NEGRI, 2001, p.36). Pura cultura, portanto, visto que, como escreveu Michel de Certeau (2008, p.233), "a cultura é o flexível".

3.2.1 Cultura no plural

Essa flexibilidade / potencialidade a que aqui nos referimos tem a ver com a proposição de cultura no plural apresentada por Michel de Certeau, em particular a postura que "se dirige para um apagamento da propriedade e do nome próprio" (2008, p.17), para a compreensão da cultura como obra coletiva. E acrescenta:

> Uma ideologia de proprietários isola o 'autor', o 'criador' ou a 'obra'. Na realidade, a criação é uma proliferação disseminada. Ela germina. (...) Ao contrário, (...) a conceção 'humanista' a encerra no círculo que remete indefinidamente uma à outra a individualidade perecível do autor e a permanência da obra fechada. Ele crê em

uma ressurreição garantida pela propriedade privada. De fato, é criador o gesto que permite a um grupo inventar-se. Ele mediatiza uma atividade coletiva. Seu traço talvez sobreviva ao grupo, sob a forma de um objeto que a vida deixou cair, pegou, abandonou novamente e utilizou ainda em práticas posteriores (...). Mas estes não pertencem mais àquilo que *faz* a história; são *dados* dela (CERTEAU, 2008, p.242-243, grifos do autor). .

O que Certeau (2008) enfatiza em sua proposição, portanto, é que a criação é ato e, por isso, perecível. Um ato coletivo que, justamente por isso, pode se inserir na duração: ele permanece, dura, só enquanto obra coletiva. Por outro lado, Certeau (2008) frisa ainda que este ato coletivo só é verdadeiramente cultura quando a prática social que o caracteriza possui significado para seus autores. E sobre o que desse ato resulta, pondera:

> ligada (...) à atividade social que ela articula, a obra perece (...) com o presente que ela simboliza. Ela não se define por sobreviver a si própria, como se o trabalho de uma coletividade sobre si mesma tivesse como finalidade encher os museus. Ao contrário, a obra é a metáfora de um ato de comunicação destinado a cair, estilhaçando-se e a permitir assim outras expressões do mesmo tipo, mas distantes no tempo, apoiadas em outros contratos momentâneos (CERTEAU, 2008, p.244).

3.2.2 Cultura e invenção

A cultura, portanto, é invenção permanente e este aspeto foi largamente apontado por Roy Wagner em seu *A invenção da cultura* (2010). Não nos cabe, é claro, neste breve estudo, esmiuçar por completo a complexidade de seu modelo antropológico. Basta-nos resgatar algumas de suas ideias a partir do ponto de vista de que somos todos, de certa forma, conforme ele próprio acredita, antropólogos de campo administrando os choques culturais da existência diária, interpretando-os dentro de nossa própria cultura. Ou seja, inventando culturas.

A própria invenção, por sua vez, é cultura e não deve, assim como a inovação, ser usada para distinguir o novo e o original do habitual. A cultura humana, segundo Roy Wagner (2010), é, em si, criativa e espontânea e sua compreensão, em termos de invenção, depende de levarmos em conta a questão da comunicação e da expressão. Segundo aquele autor, estas são mantidas por elementos simbólicos – gestos, imagens, palavras –, ou por sequência destes, que só possuem significado em função das associações adquiridas em toda sorte de contextos. "O significado, portanto, é uma função das maneiras pelas quais criamos e experienciamos contextos" (WAGNER, 2010, p.77).

Wagner (2010, p.78) compreende o contexto como, ao mesmo tempo, parte e criação da existência: "é um ambiente no interior do qual elementos simbólicos se relacionam entre si, e é formado pelo ato de relacioná-los." Embora os elementos simbólicos possam estar presentes em diferentes contextos culturais e sua articulação possa variar no tempo e no espaço, "a comunicação e a expressão só são possíveis na medida em que as partes envolvidas compartilham e compreendem esses contextos e suas articulações" (WAGNER, 2010, p.78).

Como não há, a priori, significados "primários", "todo uso de um elemento simbólico é uma extensão inovadora das associações que ele adquire por meio de sua integração convencional em outros contextos" (WAGNER, 2010, p.79). Como os contextos não recebem sua forma e seu caráter da nova experiência, mas sim das diversas outras associações de seus elementos, obtidas da participação em contextos externos ao em questão são, portanto, inventados uns a partir dos outros, em função do que não existem, efetivamente (embora possamos achar ou perceber o contrário), contextos "primários" ou "inatos". Isto quer dizer que os símbolos não se relacionam a uma "realidade externa", mas sim a outras simbolizações.

> Todo pensamento, ação, interação, percepção e motivação humana pode ser entendido como uma função da construção de contextos lançado mão das associações contextuais de elementos simbólicos (semióticos). Como toda ação desse tipo – eficaz ou ineficaz, boa ou má, 'correta' ou 'incorreta' – se desenvolve mediante construções sucessivas, sua geração pode ser descrita como 'invenção' ou 'inovação' (WAGNER, 2010, p.83).

E o que é mais importante: "é impossível inventar algo sem 'contrainventar' seu oposto" (WAGNER, 2010, p.86). E este jogo dialético[17] está por trás do que Wagner (2010) chama de "necessidade de invenção". Ou seja, a cultura é continuamente inventada por uma dinâmica que opõe convenção e diferenciação. A invenção é parte da própria ação humana, e sua motivação é parte da própria dinâmica de invenção da cultura:

> é importante notar que a motivação, embora ligada à ação, não necessariamente se origina 'dentro' do indivíduo. Ela é parte do mundo da convenção e da ilusão do qual participamos e no qual atuamos, mas não – à parte as ilusões necessárias do próprio ator – uma 'coisa' ou força que emana do ator. Objetos, imagens, memórias e outras pessoas nos motivam tanto quanto nos motivamos a nós mesmos, e de fato nossas personalidades constantemente penetram o teatro de nossas ações e percepções. É somente a convenção cultural, se bem que nesse caso uma convenção motivada, que resolve as situações de nossa ação e nossa invenção nas fronteiras culturais dos indivíduos, 'movimentos', espíritos-guia, ou nas formas

---

[17] "Pode ser que o conceito de 'dialética' seja familiar aos leitores em sua formulação hegeliana e marxista, como um processo ou desdobramento histórico envolvendo uma sucessão de tese, antítese e síntese. Minha formulação, muito menos explicitamente tipológica, é mais simples e, creio eu, mais próxima à ideia grega original – a de uma tensão ou alternância, ao modo de um diálogo, entre duas conceções ou pontos de vista simultaneamente contraditórios e solidários entre si. Como um modo de pensar, uma dialética opera explorando contradições (ou, como Lévi-Strauss as chamaria, 'oposições') contra uma base comum de similaridade – em vez de recorrer à consistência contra uma base comum de diferenças, à maneira da lógica racionalista ou 'linear'" (WAGNER, 2010, p.96).

culturalmente apropriadas de 'impulsos', 'instintos', 'a alma' e assim por diante. As motivações podem ser 'dispostas' por aquilo que uma pessoa faz, por aquilo que outros fazem, por uma situação em que a pessoa se encontre, e a forma e a fonte da motivação são sempre uma função das distinções convencionais por meio das quais essas coisas são interpretadas.

A motivação, portanto, é o modo como o ator percebe a relativização da convenção, e consequentemente dos contextos convencionais por meio dos quais as distinções convencionais são realizadas.

E isto é um processo coletivo, social, no qual todos inventam (e nos inventamos ao inventar, assim como contrainventamos o oposto ao que foi inventado). E mesmo aquilo que Wagner (2010) chama de "cultura interpretativa"[18] –

---

[18] "Inclui o que outros têm caracterizado como 'cultura popular', 'cultura de massa', 'a mídia' e 'contracultura'. Suas manifestações específicas são ubíquas: jornalismo, propaganda, o 'mundo do entretenimento', certas formas de arte e educação, religião popular e toda aquela modalidade de interpretação conhecida diversamente como 'cultura de protesto', 'contracultura', 'cultura jovem', 'cultura alternativa', 'a subcultura' e assim por diante. Todos esses 'estilos' inventivos baseiam sua relevância e efetividade em uma imitação da Cultura ortodoxa, subsumindo as formas desta como sua 'linguagem' e passando assim a depender da autoridade dela para causar impacto. O sucesso dessa 'imitação da Cultura'(tal como computado pelos atuais orçamentos, por exemplo, das indústrias da propaganda e do entretenimento) pode ser atribuído à sua efetividade em servir às tensões de uma Cultura altamente relativizada. O trabalho de simplificar, interpretar ou explicar, seja ele empreendido por um artista ou por um cientista, por razões comerciais ou polêmicas, converte-se em uma reinvenção do tema. O incremente, o 'produto' da propaganda, do jornalismo, do entretenimento ou mesmo do

na qual podemos inserir a atuação dos museus –, também é ela própria inventiva, inovadora.

Se levarmos em conta a centralidade que foi construída ao redor do objeto-significante, no mundo ocidental, ao longo de toda a Idade Moderna, e o fato de que a este objeto associa-se um criador singular (em sua matriz romântica), muitas vezes *ex-nihilo* (em sua matriz teológica), ao qual se contrapõe, tudo o que foi aqui apresentado é, sem sombra de dúvida, uma mudança significativa de ponto de vista. Justamente por enfatizar um perspetivismo, ou seja, uma relatividade (em moldes deleuzianos) ao afirmar justamente "a relação, a pertença universal recíproca", a "verdade do relativo" ao invés da "relatividade do verdadeiro" (VIVEIROS DE CASTRO, 2008a, p.90). Inventamos a cultura que nos inventa (e o seu oposto: a natureza). E somos por ela(s) inventados.

3.2.3 Cultura, corpo, ponto de vista e relação

De qualquer forma, nesta história, somos a "condição de partida", mas não o ponto de chegada. Não somos a

---

protesto, é o significado, bem como o poder sobre a 'realidade' que a criação de significado confere. Assim, boa parte da vida comercial, imaginativa, política e mesmo 'estética' do país se alimenta da transformação interpretativa da ideologia 'quadrada' ou ortodoxa, e esta última é sustentada por essa mesma dialética. Assim como a Cultura, na visão ortodoxa, almeja o 'domínio' ou a 'interpretação' da natureza, esses esforços se dedicam ao domínio ou interpretação da Cultura, a um refazer o impulso e a resposta humanos que por sua vez afeta os modos tradicionais de se lidar com o impulso e a resposta" (WAGNER, 2010, p.107-108).

"espécie escolhida por Deus ao final da criação" (VIVEIROS DE CASTRO, 2008a, p.95). Isso porque "tudo" é humano. Ou melhor, "tudo é humanizável (...), tudo tem a possibilidade de se tornar humano, porque tudo pode ser pensado em termos de autorreflexão" (VIVEIROS DE CASTRO, 2008a, p.113). A questão, portanto, é a posição (humana) em relação a outras posições possíveis. O humano é aquele que diz "eu" (sujeito). Porém o humano, do ponto de vista indígena, não é uma questão de ser (ou não ser), mas sim de estar (no caso, em posição de humano) ou não estar. "A possibilidade de se colocar a si mesmo enquanto enunciador é postulada como universal", explica Viveiros de Castro (2008a, p.113). "Todo actante em posição cosmológica de sujeito vê o mundo da mesma maneira", diz a intuição que guiou Viveiros de Castro (2008a, p.92) em seu trabalho com as tribos ameríndias. Posição que contraria a vulgata antropológica clássica ocidental, para a qual a natureza é apreendida por diferentes pontos de vista (sejam de indivíduos, sejam de coletivos de significação). E acrescenta:

> Há sempre a ideia de que se está diante de algo que é maior que o olhar. (...) Chama-se esse Objeto 'natureza', e chama-se 'cultura' o Sujeito. O universal está do lado exterior, objetivo. O real, em sua universalidade, é indiferente à representação, é neutro. Ao contrário, o ponto de vista é subjetivo, representativo, fragmentário, parcial, limitado. Dada essa dicotomia constitucional, tudo o que a Antropologia tem a fazer é comparar os pontos de vista em vista de conciliá-los, de encontrar o denominador comum. A ciência humana seria isto: a pesquisa do máximo denominador comum – as estruturas elementares disso e daquilo, a gramática

universal, o simbólico... Para continuar com a alegoria aritmética, contraponho, a isso, a determinação do mínimo múltiplo comum – o que permite multiplicar as coisas ao invés de dividi-las, para chegar a uma quantidade que é, necessariamente, mais pobre que aquela manifesta em cada cultura particular. Quando se comparam as culturas para descobrir o que têm 'em comum', observa-se via de regra que o que elas têm em comum é menos rico que aquilo que constitui sua especificidade, pois as zonas de superposição são necessariamente mais restritas. Isso corresponde à ideia de que a natureza humana deve ser menor, em termo de extensão, de riqueza, que as culturas, pois a natureza é apenas aquilo que temos 'em comum'. Isso supõe uma conceção da relação (da relação em geral) como algo que é *compartilhado* pelos termos em relação. Uma relação social seria constituída apenas por nossos pontos em comum: somos todos homens, somos todos democratas etc. É por meio dessa *comunidade* que nos comunicaríamos (VIVEIROS DE CASTRO, 2008a, p.93).

E contrapondo-se a esta visão, Viveiros de Castro (2008a) acredita existirem outras formas de se conceber as relações como é o caso, por exemplo, da metafísica ameríndia que acredita na comunicação entre os seres não por estes possuírem algo em comum, mas justamente porque, sendo diferentes, há o interesse de uma relação com um outro que não eu (ou nós) mesmo(s).

Isto porque, para a antropologia clássica ocidental, há apenas uma única natureza, enquanto que para a metafísica ameríndia, o que acontece é justamente o oposto: há uma única cultura. Ou seja, para a cosmologia ameríndia, todos os animais eram humanos e o que seus mitos narram é justamente o processo pelo qual esses animais o deixaram de ser. Ao contrário, "para nós, o fundo comum entre os humanos e os outros (justamente) animais é a animalidade, não a humanidade" (VIVEIROS DE CASTRO, 2008a, p.94). Por isso a proposição expressa no início deste bloco, qual seja, o fato de que tudo é (potencialmente) humano: do ponto de vista ameríndio, "a humanidade é o fundo universal do cosmos" (VIVEIROS DE CASTRO, 2008a, p.94).

Com isso, na América indígena, ao assumir-se a compreensão de que cada espécie vê a si mesma como humana – isto é, como espécie da cultura –, isso não quer dizer que os índios relativizem a questão do ponto de vista, atribuindo o mesmo valor aos diversos olhares. Só há um olhar, só há um ponto de vista, e este é o ponto de vista humano. Porém, quando dizem que índios e onças são humanos, querem dizer "que eles e as onças não podem ser humanos ao mesmo tempo. Se sou humano, então, neste momento, a onça é somente uma onça. Se uma onça é um humano, neste caso, então, eu não seria mais humano". E acrescenta: "não se trata absolutamente de estender catolicamente essa qualidade de humanidade sobre toda a criação, mas de fazer circular um ponto de vista. A humanidade é relativamente universal" (VIVEIROS DE CASTRO, 2008a, p.110).

E esta relatividade da universalidade do humano faz com que, para o perspetivismo ameríndio, o ponto de vista crie o sujeito e não o objeto, como afirma a proposição ocidental construcionista ou relativista (VIVEIROS DE CASTRO, 2008b, p.119).

> ...se a perspetiva é algo que constitui o sujeito, então ela só pode aparecer como tal aos olhos de outrem. Porque um ponto de vista é pura diferença. Então (...) é necessário ser pensado (desejado, imaginado, fabricado) pelo outro para que a perspetiva apareça como tal, isto é, como *uma* perspetiva. O sujeito não é aquele que se pensa (como sujeito) na ausência de outrem; ele é aquele que é pensado (por outrem, e perante este) como sujeito.
>
> O que não quer dizer que "tudo" no mundo seja necessariamente pensado como sujeito de uma perspetiva, no pensamento indígena. Ou seja, é necessário mas não é suficiente ser pensado por um outro para pensar como um eu. Há existentes que não são pensados como sujeitos de perspetivas, ou, para o dizermos de modo mais próximo ao que se lê nas etnografias, que "não são gente", ou "não têm alma", "são só [árvore, jabuti, jarro] mesmo" (VIVEIROS DE CASTRO, 2008b, p.119).

É por conta disso que o corpo passa a ter nesta metafísica um papel preponderante. Na modernidade clássica, ao contrário, e de certa forma, o corpo não tem sentido. Todas as transformações dão-se no nível do espírito (do intelecto). Para os ameríndios, no entanto, as transformações dão-se no nível do corpo, pois o corpo é o que nos diferencia quando o espírito (a humanidade) é único. Neste sentido, os índios são multinaturalistas, enquanto nós, ocidentais, somos multiculturalistas. Para eles, uma mesma cultura e diversas manifestações corpóreas (diversas naturezas). Para nós, uma mesma natureza (animal) e diversas manifestações espirituais (diversas culturas). Acrescenta Viveiros de Castro (2008a, p.102): "as mudanças culturais também, para nós, são matéria de espírito. Um índio não pensa que deixa de ser um índio quando se põe a 'pensar como um branco'. Para o índio, é no nível do corpo que as mudanças contam."

Para os índios, portanto, o corpo "fala". Mas o fala a partir de uma perspetiva, de um ponto de vista relativo a uma relação. Uma relação que, inclusive, não acaba (ou não deveria acabar) nunca.

> Quando fazemos uma transação, entendemos que ela tem começo, meio e fim, eu lhe dou um troço, você me paga, estamos quites, você vai para um lado, eu vou pro outro. Ou seja, a transação é feita em vista de seu término. Os índios ao contrário: (...) começou não vai acabar nunca mais, é para a vida inteira. Ao pedir mais dinheiro, não é exatamente o dinheiro que os índios querem, mas a relação. (...) E reclamamos que o que eles obtêm é jogado fora de repente (...). Mas é claro, o problema deles não é o objeto, o que eles querem é a relação. Uma vez a relação se mantendo, o objeto cumpriu sua função. Essa é a ideia da relação como algo interminável: a dádiva. (...) Toda dádiva produz uma dívida, e essa relação da dádiva com a dívida é uma relação propriamente interminável (VIVEIROS DE CASTRO, 2008c, p.178-179).

Uma noção incompreensível ao modelo ocidental capitalista, pois baseado no saque e (aos olhos ameríndios) na falta de senso social (VIVEIROS DE CASTRO, 2008c).

Porém, no momento em que muda o paradigma produtivo e o regime de acumulação torna-se cognitivo – trazendo consigo não apenas uma cultura produtora de objetos únicos, mas uma cultura essencialmente corporal e permanentemente inovadora, feita coletivamente, geradora de afetividades e subjetividades (que são geradoras de outras afetividades e subjetividades), eminentemente relacional, como pensar a instituição-museu se não for através de sua "descorporialização" / "recorporialização" sob outra perspetiva?

3.3 A que museus e a que Museologia nos referimos?[19]

Embora de inspiração grega, o museu tradicional que conhecemos é, na verdade, uma invenção da Idade Moderna, estruturada em consonância com as grandes transformações ocorridas entre os séculos XV e XVIII na Europa: ascensão da burguesia, consolidação do capitalismo, formação dos estados nacionais, constituição dos impérios coloniais, mas, sobretudo, a objetivação (objetificação) do mundo. Um processo sobre o

---

[19] Parte do texto apresentado no VI Encontro Ibérico EDICIC, realizado entre os dias 4 e 6 de novembro de 2013 na Faculdade de Letras da Universidade do Porto (Portugal) e publicado em e-book lançado por ocasião do evento. Disponível em: < http://www.youblisher.com /p/745142-VI-Encontro-Iberico-EDICIC2013-Globalizacao-Ciencia-Informacao/ >. Acesso em: 20 fev. 2017.

qual se estruturou não apenas o *modus operandi* de nossa sociedade, mas a própria razão de ser dos museus.

Durante a consolidação, entre os séculos XVIII e XIX, do formato, conceito e funcionalidade que conhecemos hoje, tais museus viraram parte de um dispositivo de saber e de subjetivação (se pensarmos em termos foucaultianos), e seus objetos expressavam a sacralização do exótico, do "outro", da *opera prima* e da *master piece*. Objetos-informantes, digamos assim, que serviam para contar uma história sobre algo ou alguém, geralmente sob o prisma do poder que os instituiu, que os dotou desta sua "capacidade de fala". Uma "central de cálculo", se pensarmos em termos latourianos, a circular inscrições / informações (objetos) para dentro e para fora de seu centro (edifício, território musealizado ou sítio na web), conformando inscrições de *n* grandeza (coleções, sistemas de organização e recuperação de informação, bases de dados etc.). Um agente do poder constituído, um formulador de saberes e discursos sobre temas, classes, povos e culturas poucos conhecidos... ou que se queriam distantes, tutelados, conformados, subjugados.

Ressalvadas todas as exceções que confirmam a regra, assim foi pelo menos até a década de 1970, quando a discussão em torno dos problemas sociais advindos da crise geral no modo de produção fordista impôs à instituição-museu a reflexão sobre sua capacidade de contribuir para o desenvolvimento social. Desse momento em diante, a forma-museu empreendeu uma bifurcação: de um lado, práticas alternativas de fazer-museu, vindas da década anterior, conformavam ecomuseus, museus comunitários, museus de vizinhança etc., fazendo surgir aquilo que hoje conhecemos como Museologia Social; de outro, o próprio museu tradicional diversificou-se, incorporando o vivencial, o experiencial e mesmo o espetacular.

Precisamos, no entanto, fazer dois esclarecimentos.

3.3.1 Um primeiro esclarecimento

A primeira dessas questões tem a ver com o que, de fato, entendemos por "museu". Para tanto, é interessante começarmos dando uma breve passada d'olhos na lista de adjetivos que resoluções, estudos e profissionais da área – de diversos países e "escolas" – foram lançando mão para caracterizar esses "lugares de memória" (NORA, 1993) nos 220 anos de sua invenção[20], e passíveis de depreensão das referências bibliográficas utilizadas para o concurso público de títulos e provas para o magistério público já mencionado (cf. Anexo II). Neste sentido, teríamos, do século XVIII até os nossos dias, a seguinte "evolução" do que um museu é(era) ou deve(ria) ser: público, científico, nacional, civilizacional, visual, disciplinar, informativo, contemplativo, social, experimental, territorial, comunitário, político, educacional, crítico, comunicacional, desenvolvimentista, servidor, espetacular, vivencial, integral, multicultural, inclusivo, para ficarmos apenas com os termos mais emblemáticos citados nos textos considerados.

---

[20] Se, é claro, considerarmos, como marco balizador, a abertura ao público do Museu do Louvre, ocorrida em 1793.

Dada a diversidade de temáticas e abordagens ali identificadas, podemos inferir que estas "caracterizações" não são, na verdade, tidas como monolíticas ou excludentes. A adoção de uma delas para a atuação – ou análise – de um museu não implica necessariamente na rejeição de todas as demais ou em sua plena superação. Muito menos em uma homogeneização (padronização) de todos os museus existentes no mundo. Neste sentido, apesar de inúmeras experiências alternativas ao seu *modus operandi* tradicional, o tripé definidor do museu moderno (institucional e representacional) – **espaço contenedor** (seja um edifício, seja um território, seja um sítio na web), **acervo** (seja uma coleção, seja o patrimônio em uma conceção ampliada, seja uma compilação de bits e bytes) e **público** (seja o visitante tradicional, seja uma comunidade, seja um internauta fugaz) –, este tripé persiste. O que acontece, porém, é que nos vemos diante de ampliações e/ou extrapolações, mutações e/ou incorporações, (auto)questionamentos e/ou adaptações. Apesar de todas as conquistas – práticas e teóricas – e ruturas, o ecomuseu ou o museu virtual, por exemplo, não conformam, em si, o advento do museu pós-moderno, do pós-museu.

Um "princípio moderno", digamos assim, ainda persiste na maior parte dos nossos museus tradicionais (a despeito das "caracterizações" possíveis que venham a adotar, isoladamente ou de forma combinada). Prova disso é que, apesar de proposições em contrário[21], ainda hoje os museus, em geral, são

---

[21] Ver, neste sentido, a definição de museu defendida pelo ICOFOM-LAM, braço latinoamericano do Comitê de Teoria Museológica

definidos como públicos, a serviço da sociedade e centrados em operações que são, a rigor, de processamento de informações[22]: uma caracterização-base a partir da qual uns acoplarão uma atuação mais politizada, enquanto outros manterão um viés mais cientifico; uns terão aderido completamente às regras de mercado (e, com isso, se "espetacularizado"), enquanto outros se voltarão mais para as necessidades das comunidades que o criaram, etc. Ou tudo isso junto, ao mesmo tempo. Percebe-se, com isso, obviamente, que sempre corremos enormes riscos de equívocos aos nos referirmos aos museus de forma una e generalizante. A multiplicidade de possibilidades é tão grande que, diante de uma eventual dúvida ("mas isto é ou não é um museu?"), praticamente podemos aqui dizer o que escreveu Luigi Pirandello: "assim é, se lhe parece". Mas ela também nos faz compartilhar da crença daqueles teóricos da museologia que, desde os anos 1970, vêm formulando a conceção de museu como fenômeno sociocultural: um "nome genérico que se dá a um conjunto de manifestações simbólicas da sociedade

---

(ICOFOM) do ICOM, desde 1992: "Museu como fenômeno social dinâmico que se apresenta de diversas maneiras e formas, de acordo com as características e necessidades da sociedade em que se encontra" (CARVALHO; SCHEINER, 2009, p.4).

[22] Neste sentido, vale lembrar a definição atualmente em vigor junto ao Conselho Internacional de Museus – ICOM: "A museum is a non-profit, permanent institution In: the service of society and its development, open to the public, which acquires, conserves, researches, communicates and exhibits the tangible and intangible heritage of humanity and its environment for the purposes of education, study and enjoyment." Disponível em: < http://icom.museum/the-vision/museum-definition/ >. Acesso em: 20 fev. 2017.

humana, em diferentes tempos e espaços", como dirá Scheiner (1998, p.42). Algo que, em cada época, irá tomar a feição mais apropriada à sociedade que o instituir.

Em sendo assim, em não sendo mais possível vermos o museu simplesmente como algo uno, a priori, mas sim como algo múltiplo, cambiante no tempo e no espaço (ainda que, em nosso entender, passível de trazer consigo um "fantasma moderno" a lhe assombrar as operações e, por extensão, as perceções que as pessoas dele têm), é que se faz necessário aqui definirmos melhor o nosso "local de fala" e o objeto de nossa análise: o museu ao qual nos referiremos neste trabalho sempre que assim o denominarmos, portanto, é especificamente o museu tradicional, de quatro paredes, que persiste do museu-instituição representacional, de um "espírito" (ou "fantasma"?) da forma-museu formulada e herdada das transformações iniciadas na Europa entre os séculos XV e XVIII (cujo paradigma é o museu do Louvre tornado público em 1793), dentre as quais podemos citar: as grandes navegações e a expansão territorial colonialista; a ascensão da burguesia e a consolidação do capitalismo; o racionalismo e a matematização do mundo; a imposição de uma ordem jurídica contratualista e a formação dos estados nacionais; mas também, e sobretudo, a objetivação – ou, mais especificamente, a objetificação – do mundo. Um processo complexo sobre o qual irá se estruturar não apenas a razão de ser dos museus, mas o próprio *modus operandi* de nossa sociedade.

Instaurada irremediavelmente com a industrialização da sociedade ocidental e a conformação daquilo que Marx (2008) chamará de "alienação do trabalho", essa "objetificação" do mundo à qual nos referimos (sua reificação) – que é, na verdade, em essência, a constituição de um mundo "objetogênico", ou seja, centrado na produção de objetos – é também, no nosso entender, a resultante de, pelo menos, cinco grandes outros movimentos, cinco outras grandes "forças": 1) a longa e gradual passagem da supremacia da escrita sobre a oralidade, resultando no aparecimento do "documento" e do "documentado" característicos dessa produção da sociedade como texto tão bem denominada de "economia escriturística" por Certeau (2009); 2) o colecionismo dos séculos XVI e XVII, profundamente impactado pelas grandes navegações e pela descoberta do Novo Mundo; 3) o racionalismo e o desenvolvimento científico dos séculos XVII e XVIII, com seus sistemas classificatórios e a especialização das coleções; 4) a questão patrimonial surgida com a Revolução Francesa, a transformação da noção de monumento e o aparecimento das estratégias de preservação discutidas, implantadas e desenvolvidas entre os séculos XVIII e XIX, conformando aquilo que Choay (2001) denominou de "alegoria do patrimônio"; 5) a questão nacional e a ambição pedagógica dos séculos XIX e XX visando, a um só tempo, a preservação daquilo que passou a se chamar cultura popular e a formação – ética e estética – do nascente cidadão moderno.

O museu ao qual aqui nos referimos, portanto, o museu que vem sendo mobilizado – mesmo que em "espírito" – pelo poder público e/ou pela iniciativa privada nesses referidos processos de revitalização / renovação / requalificação urbana é a forma-museu moderna por excelência, o museu-instituição em essência: a resultante direta (ao mesmo tempo que contribuidora) dessas transformações sociais, culturais, políticas e econômicas brevemente sumarizadas. É contemporâneo, portanto, da instauração e consolidação do estatuto jurídico e político contratualista de Hobbes (1979) e Rousseau (1978), bem como da invenção de sua figura social e política correspondente: o povo. Tornou-se, por isso, parte de um dispositivo de saber e de subjetivação (FOUCAULT, 1977), instância sacralizadora do exótico, da *opera prima* e da *master piece*; uma central de cálculo, para usarmos a terminologia de Latour (2000), a pautar seu funcionamento em um mecanismo de produção, carregamento e circulação de inscrições com vistas a uma atuação à distância: formulação de saberes e discursos sobre temas, povos e culturas poucos conhecidos... ou que se queriam distantes e tutelados; um aparelho ideológico de estado (ALTHUSSER, s.d.), a contribuir para a reprodução da ordem burguesa industrial; um aparelho de captura (DELEUZE; GUATTARI, 1997) utilizado como mecanismo de sobrecodificação, desterritorialização e dominação.

Um instrumento destinado à perceção da interdependência do homem com o mundo oferecendo, para tanto, informação e experiência, conforme apontado por Judith Spielbauer (DESVALLÉES; MAIRESSE, 2013, verbete Museu). Repositórios do patrimônio, na opinião de Flora Kaplan (ANICO, 2008). Mais que um lugar, uma rede de relações entre objetos e pessoas, conforme Philip Fisher (*apud* NAVARRO, 2011). Locais discursivos onde se constroem e se comunicam significados culturais, na opinião de Tamar Katriel (*apud* ANICO, 2008). Para Bernard Deloche, "uma função específica (...) cujo objetivo é assegurar (...) a classificação e transmissão da cultura" (apud DESVALLÉES; MAIRESSE, 2013, p.67). Uma instituição documentária, como compreendida por Z. Z. Stransky (apud BARAÇAL, 2008). Um centro de processamento de informações, portanto, baseado no primado do objeto-informante, a colaborar com o desenvolvimento de pesquisas e mecanismos de construção e organização do conhecimento, recuperação e transferência da informação, mediação e educação, entre outros processos informacionais.

Apesar dessas conceções terem sido elaboradas entre 1974 (Stransky) e 2007 (Deloche), uma persistência do museu positivista processador de informações é ali subentendida. Tal centralidade, no entanto, já tinha sido posta em xeque nas décadas de 1960 e 1970, quando a agudização dos problemas sociais advindos da crise geral no modo de produção fordista impôs a este modelo de museu a reflexão sobre sua capacidade de contribuir para o desenvolvimento da sociedade. Naquela altura, ao lado de um maio de 68 francês que pedirá o fim das universidades (e também dos museus), bem como de todos os demais movimentos contestatórios e reivindicatórios do período (direitos civis, feminismo etc.), uma série de movimentações no campo museal acarretará, de um lado, a saída da Museologia do confinamento do edifício e da coleção, com a emergência de um novo modelo de atuação na área: o dos museus comunitários / ecomuseus – "museus do tempo e do espaço", na compreensão de George-Henri Riviere –, focados no território (e não mais no edifício), na população (como agente), no tempo e em uma conceção ampliada de patrimônio (BARBUY, 1995); de outro, aquilo que Rodríguez

(2012) caracterizará como uma primeira onda de crítica institucional dos museus: um processo de abertura do modelo tradicional visando romper com a velha fórmula de produção de verdade baseada na conservação de um suposto patrimônio coletivo e de uma suposta identidade e história partilhadas. É desse contexto também a Mesa de Santiago do Chile (1972), organizada pelo ICOM para discutir a função social dessas instituições (JULIÃO, 2000) e a passagem de uma museologia das coleções para uma museologia das relações, no entender de Hugues de Varine (SANTOS, 2002).

Experiências que, na década de 1980, culminarão na formalização do Movimento Internacional para uma Nova Museologia – MINOM, uma "dissidência" no setor museológico voltada para uma atuação cada vez mais centrada na função social dos museus (conquistas incorporadas, porém completamente "desconsideradas" pela lógica urbana neoliberal), o que nos leva a outro ponto a ser esclarecido a partir da leitura dos referidos textos: os rumos da disciplina.

3.3.2 Um segundo esclarecimento

Nascida no século XIX, é como um conjunto de práticas relativas aos museus e a seus acervos que a Museologia irá primeiro se constituir. Aqueles, tornados públicos a partir da virada dos séculos XVIII e XIX, o foram não apenas para apresentar e representar o testemunho material da humanidade, mas também para inventá-la em novos moldes (modernos). Esses museus, portanto, são explicitamente centrados naquilo que aqui denominamos de objeto-informante, um tipo de documento produzido, coletado, classificado, organizado, preservado e exibido com o intuito de contar uma história sobre algo ou alguém, geralmente sob o prisma do poder que os instituiu, que os dotou desta sua "capacidade de fala".

Em meados do século XX, porém, as centralidades da instituição e do objeto são questionadas e o estatuto da Museologia como disciplina científica independente passa a ser sistematicamente discutido e perseguido. Neste sentido, Jiri Neustupny, ainda nos anos 1950, torna-se o primeiro a discutir a Museologia como disciplina acadêmica (CARVALHO; SCHEINER; MIRANDA, 2007) e, em plenos anos 1960, acontecem esforços para enquadrá-la entre as ciências humanas e sociais (SCHEINER, 1998). O grande avanço na direção do reconhecimento do estatuto científico da Museologia acontecerá, no entanto, apenas a partir dos anos 1980, após a criação do ICOFOM, comitê de teoria museológica do Conselho Internacional de Museus – ICOM. Com a sua criação, em 1977, uma série de esforços concernentes à teoria museológica, até então dispersos entre pesquisadores e países diversos, passa a convergir para seus encontros periódicos e publicações regulares, publicizando-se e contribuindo para a conformação do campo. Apesar de manter até os dias de hoje uma definição conservadora de museus, em medados da década de 1980, porém, o ICOM, no dizer de Van Mensch, reconhecerá a Museologia como "disciplina científica em estado embrionário", (*apud* CERÁVOLO, 2004, p.250).

Com isso, a Museologia-ciência-dos-museus e a Museologia-ciência-dos-objetos passam a conviver com, pelo menos, outras três "tendências de conhecimento", a saber: a museologia como estudo da implantação e integração da herança cultural e natural do homem; a museologia como estudo da musealidade e, por fim, a museologia como estudo da relação específica entre o homem e a realidade (VAN MENSCH, 1994), posturas que auxiliam na ampliação de nossa compreensão do que seja o campo museal. Um campo híbrido, que se constituirá como a resultante da conformação de um patrimônio diversificado e interdisciplinar, fruto das estreitas relações estabelecidas, ao longo dos tempos, entre as tipologias de museus e as diversas áreas de saber: museus históricos, museus de arte etc. (LIMA, 2007).

Com isso, ao lado de uma museologia tradicional, centrada no tripé edifício-coleção-público teremos a já citada Nova Museologia, que renovará o campo com a ampliação de sua atuação para contemplar também as relações existentes em meio a um tripé expandido para território-patrimônio-comunidade. Além disso, em paralelo, como bem lembra Lima (2007), a partir da década de 1970 e da conceituação de museu (patrimônio) integral, o reconhecimento da cultura imaterial aportou todo uma série de novos patrimônios que, embora carentes de suporte físico (inexistem, portanto, como "registros documentais"), são reconhecidos como "representações documentais" de um patrimônio vivo. Isto amplia a qualificação de "acervos museológicos", extrapolando-os para os usos e costumes culturais. E expande o conceito de "museu" e de sua existência circunscrita ao espaço edificado ou ao ar livre, deslocando o enfoque voltado para o "formato coleção" para o modelo "olhar e ler". O intengível passou a ser absorvido pelo museu.

No meio da desmaterialização do objeto de museu, da incorporação do intangível e da consideração das relações do homem com o território como possível patrimônio, a informação – enquanto matéria prima constituinte do *modus operandi* dos museus –, no entanto, é redimensionada como "musealidade". No Leste Europeu, esforços vinham sendo feitos em torno de se considerar a Museologia parte integrante daquilo que as universidades da antiga Iugoslávia, à época, consideravam como sendo as Ciências da Informação[23]. Na compreensão do croata Maroevic (1983), seu principal proponente, a Museologia, enquanto disciplina científica, tinha como papel – dentre outros – o estudo da musealidade por meio da musealia (os objetos de museu), ou seja, o estudo de um valor, o significado de uma determinada "coisa" de uso cotidiano que a tornava passível de sua musealização, de sua transformação em "objeto de museu". A musealidade diz respeito, assim, a um valor documentário (BARAÇAL, 2008) que, nesse processo de ressignificação (de "coisa" a "objeto de museu"), permite-nos entrar em contato com aquilo que em um objeto dá-nos o movito de sua musealização. Dentro dessa conceção, a Museologia teria a ver com os processos de

---

[23] Além da Ciência da Informação, propriamente dita, a área incluía também a documentação, a comunicação, a teoria dos sistemas de classificação, a teoria geral dos sistemas, a biblioteconomia, a ciência das ciências, a arquivística, a lexicologia, a teoria das linguagens artificiais, a teoria da resolução de problemas matemáticos, a criptologia etc.

emissão da informação intrínseca à estrutura material dos objetos musealizados (MAROEVIC, 1983).

Mas a musealidade também dirá repeito ao transitório e a uma possibilidade de abertura constante aos sentidos produzidos nas esferas sociais. É o que proporá Rocha (2012) ao analisar a complexidade de se conservar e comunicar o patrimônio "meio ambiente". Isto, pondera a autora, mesmo com o conceito de patrimônio integral (ancorado na materialidade representacional de um objeto). Tal dificuldade ancora-se nas múltiplas dimensões e relações envolvendo o meio ambiente, em função do que a musealidade do referido patrimôno se definiria temporal e espacialmente na relação homem / meio ambiente, fazendo-nos deparar com uma nova categoria para pernsarmos a musealização – o transitório. Nesta linha de pensamento, o objeto de museu não pode ser pensado em sua "ontologia clássica", como um feixe de qualifidades próprias que o identificam e o distinguem dos outros objetos. Tal compreensão simplesmente acentuaria seus limites, seu confinamento em si mesmo, o que dificultaria pensar as relações. E a plena compreensão do patrimônio ambiental no século XXI dependeria completamente da conformação dessas relações. Neste sentido, o transitório funcionaria como um *locus* do novo ainda em tensão no presente.

No nosso entender, compreensões como as duas acima citadas irão se defrontar com um problema estrutural gerado pela mudança de paradigma produtivo: o esmaecimento da centralidade desse objeto-informante (mesmo com sua "ontologia clássica" transmutada em relacional) e a emergência das interações e subjetividades como nova centralidade (informacional), geradora de valor enquanto tal (enquanto dinâmica relacional e subjetiva), sugerindo a emergência de outro tipo de informação-significante[24] para o capital: a informação biopolítica, atrelada ao ser vivente enquanto tal: relacional, comunicacional, afetivo, subjetivo, cultural, enfim. Neste sentido, não se trataria mais, portanto, simplesmente de se reconhecer a necessidade de se considerar instâncias informacionais cada vez mais "distantes" da materialidade dos objetos, a lhes informar. Instâncias imateriais (pois comunicacionais) e híbridas (pois relacionais e multivocais), que simplesmente serviriam de novos espaços para captura de informações (para sua melhor compreensão, conservação e comunicação). Mas sim como novos "territórios produtivos" *tout court*: linguísticos, comunicacionais, subjetivos. E, no nosso entender, potencialmente museais enquanto tais: experienciais, dinâmicas informacionais e comunicacionais.

---

[24] Um pleonasmo proposital, se se considerar que informação não é uma coisa *per se*, mas aquilo que é informativo (significativo) para alguém.

4 REPERSPECTIVANDO O PAPEL DO MUSEU HOJE

Lazzarato e Negri (2001, p.41), comentando o estilo de militância do intelectual no capitalismo cognitivo, alegam que "sua intervenção não pode (...) ser reduzida nem a uma função epistemológica e crítica, nem a um envolvimento e a um testemunho de liberação; é no nível do próprio agenciamento coletivo que ele intervém". É no interior do próprio mundo do trabalho que ela se dá. Acreditamos que podemos ter a mesma abordagem no que tange a atuação do museu contemporâneo. É no mundo do trabalho (da produção, das subjetividades, dos afetos etc.) que ele (museu) age. Assim, se é verdade que o que temos visto nos últimos tempos é a insustentabilidade do projeto moderno (LATOUR, 2000), o que pode, então, a forma-museu contemporânea diante da desmaterialização do trabalho? Do poder constituinte da multidão? Da produção biopolítica do comum?

Com o deslocamento, nos últimos cem anos, dos centros efetivos de criação de valor e de inovação das grandes fábricas e dos escritórios para o território e as dinâmicas do mundo-da-vida, a informação que se torna central para a (re)produção e (re)valorização do capital deixa de ser exclusivamente aquela materializada em algum suporte (físico ou eletrônico) – o documento e o documentado dos poderosos bancos de dados, o "objeto-informante" dos museus etc. – e passa a estar atrelada ao trabalho vivo enquanto criativo, comunicacional, relacional e, por isso, produtivo de outro valor. Cultural, enfim.

89

Conforme já demonstrado pela antropologia imanentista contemporânea, a cultura é múltipla e, em sua multiplicidade, é criativa e inovadora. Por isso, arte é a própria vida. Algo intrinsecamente coletivo e efêmero, já que associado a um ato. Não necessariamente a obra oriunda de um gesto *ex-nihilo* ou mesmo singular patrimonializada em galerias e museus.

Dispositivos foucaultianos de saber e subjetivação, centrais de cálculo latourianas, os museus foram agentes do poder soberano no capitalismo mercantil; tornaram-se agentes disciplinares no capitalismo industrial; nos dias de hoje, eles viraram agentes de governos e mercados nas estratégias de requalificação urbana que visam adaptar as cidades para a competição global em andamento em torno de lugares para ir ou estar.

Frente aos desafios impostos ao capital para sua (re)produção e (re)vitalização, onde a arte (a cultura como um todo, na verdade), tornou-se a próxima fronteira para se procurar uma nova métrica diante da crise do valor, o museu encontra-se diante de um possível dilema ou paradoxo: por um lado, não pode insistir na pura centralidade do objeto (material ou imaterial) sob pena de perda de público para outras mídias mais dinâmicas e interativas; e não pode insistir na base teológica (*ex-nihilo*) ou romântica (sujeito singular) da criação de suas coleções sob pena de tornar-se completamente anacrônico diante das contribuições da antropologia contemporânea e das discussões sobre autoria e propriedade propiciadas pelo desenvolvimento e popularização das Novas Tecnologias de Informação e Comunicação (NTICs). Por outro, no entanto, a arte que hoje contribui para a métrica de valor no capitalismo ainda é eminentemente aquela associada ao objeto material ou materializado, patrimonializado, singular (e, muitas vezes, *ex-nihilo*); e o museu, por sua vez, não possui um modelo administrativo-operacional que dê conta da arte como ato, da cultura como intrinsecamente criativa, da memória como devir, da produção biopolítica do comum e do poder constituinte da multidão.

Encontramo-nos, portanto, diante da assunção de necessidade de um novo modelo de museu. Isto porque, como já apontado, quatro são os aspetos centrais que precisam ser (re)trabalhados para a plena compreensão do fenômeno-museu na contemporaneidade: sua **onticidade** (ou seja, as bases conceituais – de natureza política, econômica e filosófica – de sua institucionalidade); **aquilo** sobre o qual se debruça parte significativa de suas atividades (a reificação: o objeto-informante constituinte de seu acervo); o **destinatário** de tais atividades (o povo-sociedade-público para o qual se dirige ou com o qual se relaciona); e, por fim, o **espaço** em que se desenvolve o fato ou experiência museal (ou seja, aquilo que decorre da interação entre público, acervo e os discursos a estes associados em um local instituído para este fim).

Tal novo modelo de museu precisaria estar centrado não mais em uma relação contratualista, mas atento à conformação do comum[25]. Não mais adstrito ao edifício ou

---

[25] O que abriria, inclusive, espaço para o risco de perda de sua centralidade como agente do poder e do mercado, em função de uma captura às avessas, com a multidão advogando para si suas funções clássicas: curadoria, organização e comunicação de acervos etc. Uma

território constituído, mas sim a um território constituinte: redes e ruas. Não mais a serviço de um público ou população, mas a serviço da multidão (o que implica que seja a própria multidão a constituí-lo / produzi-lo). Não mais focado no objeto ou no patrimônio, mas em uma informação biopolítica, centrada no ser vivente, na produção de formas de vida e no devir da memória e da cultura. Investigar a emergência e a pertinência de tal modelo de museu, bem como seu papel no capitalismo contemporâneo diante das dinâmicas infocomunicacionais que dão vida à metrópole global (dinâmicas que são, por ele, impactadas, capturadas, agenciadas), ao lado de um "reperspectivamento" da forma como a Ciência da Informação e a Museologia analisam a questão, são os objetivos aos quais nos propomos, ainda de forma bastante especulativa (e mesmo tateante), nas subseções a seguir.

4.1 Para além do objeto-informante e do paradigma pós-custodial: o desafio da informação biopolítica[26]

Como já inferido em outra parte deste trabalho, na chamada Sociedade da Informação e do Conhecimento, a

---

musealização de si não apenas em termos de autotransformação do sujeito em "objeto" cultural, mas também em termos de uma "institucionalidade em ato", gesto político.

[26] Parte do texto originalmente apresentado no I Encontro de Arquivos Contemporâneos – Entre paradigmas: da custódia ao labirinto, realizado nos dias 25 e 26 de outubro de 2012 na Faculdade de Ciências Sociais e Humanas da Universidade Nova de Lisboa (Portugal).

informação e o conhecimento como usualmente entendemos, não são, na verdade, os elementos centrais para o atual sistema político-econômico-social; tais elementos seriam, na verdade, as condições socioculturais geradoras de novas informações e de novos conhecimentos. Diante disso, a passagem da centralidade do aqui denominado "objeto-informante" (um tipo de documento custodiado em um espaço instituído para este fim, que é o museu) para o que denominamos "informação biopolítica", em tempos de mudança paradigmática do regime de acumulação (de industrial a cognitivo), faz-nos questionar o que de custodial eventualmente persiste na forma-museu contemporânea. Isto porque, a referida mudança de paradigma produtivo obriga-nos a uma mudança do instrumental teórico e conceitual aplicado à análise da realidade que nos cerca (LAZZARATO; NEGRI, 2001; CORSANI, 2003; REVEL, [2012a]), diante do que repetimos a pergunta: o que pode a forma-museu contemporânea diante de proposições como o poder constituinte da multidão; a desmaterialização do trabalho; a produção biopolítica do comum? Se o que é central para o capitalismo contemporâneo encontra-se disperso sobre o território, nas relações sociais e nos arranjos comunicacionais (COCCO, 1999), o que vai então para o museu? Seriam estes equipamentos culturais – em particular os grandes museus de arte construídos ao redor do mundo como âncoras de projetos de revitalização urbana desde, pelo menos, o Centre Georges Pompidou, em fins dos anos 1970, em Paris – os novos espaços de disputas entre capital e trabalho, entre produção de subjetividades e a sua captura? Para que, enfim, (estes novos e grandes) museus? Quais os desafios que se lhe apresentam hoje?

Para melhor refletirmos sobre estas (e outras) questões, e apontar caminhos possíveis para a formulação de algumas respostas, vejamos brevemente o que nos apresenta a análise das dinâmicas informacionais na chamada "economia criativa" (à qual os museus tangenciam), confrontando-a com algumas ponderações acerca do chamado "capitalismo cognitivo".

4.1.1 Uns passos atrás: de volta às centrais de criatividade e suas dinâmicas informacionais

Como procuramos demonstrar em nossa dissertação de mestrado, as empresas da chamada "economia criativa" captam, internalizam, processam e externalizam, sob a forma de produtos e serviços, valores (ideias-força) que se encontram dispersos na sociedade (PIRES, 2009). Valores estes que circulam para dentro e para fora desses coletivos através de ciclos de acumulação de informações e conhecimentos, conformadores de repertórios institucionalizados (cultura organizacional e memória empresarial), insumos na construção de suas identidades de marcas e, consoante a elas, dos produtos e serviços ofertados. Um processo contínuo que se vale, para tanto, de redes configuradas por interações pessoais e/ou profissionais, eminentemente mediadas pela linguagem, estabelecidas entre os grupos de trabalho internos às empresas e os grupos e atores sociais externos a elas. No nosso entender, tais empresas demandam, para sua plena apreensão, uma figura organizacional própria à qual demos o nome de "central

Vladimir Sibylla Pires

de criatividade", em alusão às centrais de cálculo de Bruno Latour (2000).

No nosso modelo analítico, tais centrais lidariam com conteúdos dispersos em redes sociais oriundas das interações estabelecidas entre seus profissionais e a sociedade. Interações mediadas pela linguagem, mais do que por sofisticados recursos tecnológicos; redes sociocriativas, mais do que propriamente sociotécnicas. E é isto que daria sustentação aos esforços de captação e interpretação dessas ideias-força, bem como de outras fontes de inspiração, informação e conhecimento. Em tais centrais de criatividade imperaria, portanto, uma noção relacional do fenômeno informacional. Os fluxos e dinâmicas desse fenômeno seriam conformados pela cultura organizacional e pelas estratégias empresariais, e extrapolariam os limites de áreas e departamentos para se valerem das referidas redes, onde se retro-alimentariam.

Como apontado naquele estudo, compreender isso é considerar (a) que, mais do que uma coisa, informação é processo; (b) que, portanto, "ações de informação" (WERSIG; WINDEL, 1985; GONZÁLEZ DE GÓMEZ, 2000) articulam, em contextos concretos, a linguagem, os sistemas sociais de inscrição de significação e os sujeitos que a geram / usam (GONZÁLEZ DE GÓMEZ, 2000); e que (c) conhecimento se constrói em meio a interações comunicacionais e pela mediação da linguagem. Com isso, a ênfase na análise de tais coletivos criativos deveria recair principalmente sobre as relações humanas, o intercâmbio de informações e o agir comunicativo, postura mais adequada para uma compreensão da informação enquanto objeto da cultura, no processo gerador das ditas "ações de informação"[27].

Tal leitura levou-nos à seguinte extrapolação, à guisa de especulação: se, por um lado, (1) os ambientes produtivos da "economia criativa" são conformados em centrais de criatividade; (2) se tais centrais de criatividade – assim como as suas congêneres, as centrais de cálculo – fazem-se por ciclos de acumulação; (3) se estes ciclos de acumulação lidam com informações / inscrições; se, por outro lado, (a) as empresas visam (re)construir suas vantagens competitivas e fazer frente à inovação permanente que hoje lhes é exigida; (b) se, para tanto, o que elas precisam / buscam "trazer pra casa" é o saber vivo, mais do que simples informações / inscrições; (c) se a cultura por trás desse saber vivo é fonte de diversidade (CALLON, 1994); (d) se este saber vivo e esta diversidade estão na base da inovação; e (e) se esta inovação é fruto da possibilidade de serem jogados jogos infinitos (PARRET, 1997), então os tais ciclos de acumulação que efetivamente caracterizarão tais centrais de criatividade talvez devessem ir além da busca e mobilização de simples informações, conhecimentos e inspirações transubstanciados em inscrições e objetos. Talvez devessem incluir também as condições para se produzir e reproduzir o quadro de socialização no qual os sujeitos produzem-se a si mesmos pelo uso que fazem da linguagem, do gestual, dos esquemas de interpretação e de comportamento

---

[27] Segundo González de Gómez (2000), uma "ação de informação" articula os extratos referidos no item b, no corpo do texto, em três dimensões. A infraestrutural, a meta-informacional e, por fim, a semântico-discursiva.

da cultura de sua sociedade, como ponderado por Gorz (2005). Tais coletivos criativos deveriam lidar também, portanto, com processos de subjetivação e afetividades.

Do ponto de vista do que aqui perseguimos – refletir sobre o papel do museu contemporâneo –, esse "lidar com as próprias condições necessárias à produção de novas inscrições" – ao invés das inscrições, em si, somente – leva-nos talvez a um possível grande impasse: (a) se é evidente que o atual contexto tecnológico põe em cheque o modelo custodial clássico ao por em causa a própria noção estática e duradoura do "documento" (inclusivamente o salvaguardado em nossos museus, aquilo que aqui denominamos de "objeto-informante") –, (b) obrigando-nos a uma sensível mudança de nossa postura não apenas enquanto técnicos e investigadores, mas também como usuários e produtores de informação, diante da passagem de um paradigma histórico-tecnicista para um científico-informacional (da centralidade do documento à centralidade da informação, da sua simples guarda e preservação a todo custo à busca e acesso plenos ao que é relevante) – (c) o que fazer, no entanto, se nos dispusermos a ver a informação para além daquilo que as diversas ciências documentais e da informação vêm usualmente condicionando-nos a ver – um conjunto estruturado de representações mentais codificadas registradas em um qualquer suporte material (SILVA; RIBEIRO, 2002 *apud* RIBEIRO, 2005) –, e partirmos para considerar que esta dita informação relevante é ela própria ainda, na verdade, cultura-em-ato, processo de subjetivação, corpo em movimento e, portanto, independente de qualquer labirinto do qual ser resgatada ou extraída?

Assim, como pensar o museu – em particular os novos museus a serem construídos – diante do fato de que o que é central para o atual sistema político-econômico-social são tais processos de subjetivação (REVEL, [2012b]) e do fato que ditos processos – visto que processos – não são necessariamente a produção de uma coisa (um produto reificado, um documento, um objeto), mas são, em si, informativos (independentemente de estarem ou não capturados e custodiados em algum sistema informacional, seja um banco de dados, seja uma reserva técnica)?

4.1.2 A assunção do comum engendra a informação biopolítica?

Para avançarmos, não nos esqueçamos do que já foi dito anteriormente: as profundas transformações pelas quais o capitalismo mundial vem passando desde, pelo menos, as décadas de 1960 e 1970, são elementos anunciadores da completa transformação do regime de acumulação e de valorização capitalistas, que passou de fabril a cognitivo.

Como já apontado, com o deslocamento, nos últimos cem anos, dos centros efetivos de criação de valor e de inovação das grandes fábricas para os escritórios (serviços) e destes para o território e para as dinâmicas biopolíticas do mundo-da-vida, a informação que se torna central para a (re)produção e (re)valorização do nosso atual sistema político-econômico-social deixa de ser exclusivamente aquela materializada em algum suporte (analógico ou digital) – o documento e o documentado dos poderosos bancos de dados, o "objeto-informante" custodiado em museus etc. – e passa a estar atrelada ao próprio ser vivente enquanto ser produtivo, criativo, comunicacional, relacional. Cultural, enfim. E como afirma a antropologia contemporânea (CERTEAU, 2008; WAGNER, 2010), a cultura é múltipla e, em sua multiplicidade, é criativa e inovadora.

Nossos museus, no entanto, não possuem um modelo administrativo-operacional que dê conta da arte como ato, da cultura como intrinsecamente criativa, da memória como devir, da informação como processo, da produção biopolítica. Diante disso, um novo modelo de museu certamente faz-se necessário. E mesmo a sua dissolução, que aparece como possibilidade. Afinal, não esqueçamos que podemos depreender das análises negrianas de Spinoza que a multidão – este conjunto de singularidades sempre em movimento e produtor de excedências (NEGRI, 2004) – é potente e esta potência é, ela própria, criadora de instituições, em uma dinâmica constitutiva distinta da conceção transcendental de poder (NEGRI, 2011). O fazer-multidão é fazer-instituição: é neste horizonte constituinte que aparece o "comum": o que seria um modelo de museu do comum? Sua simples dissolução ou algo mais?

Judith Revel ([2012b]) inclusive diz que a antiga oposição entre aquilo que pertence à ordem constituinte e o que pertence à ordem do instituído deva hoje ser dissolvida e rearticulada. Diante de tal potência o que é o papel do Estado, na criação de novos e mais espetaculares museus? Uma adequação inovadora ou uma possível perpetuação de um gesto de captura, a usurpação de práticas mnemônicas, afetivas, comunicacionais, informacionais e a sua transformação – sua privatização – em "bem público"?

Relembremos as palavras de Negri (2011, p.45) ao fazer uma análise crítica do modelo contratualista de Hobbes, Rousseau e Hegel, modelo vencedor no Ocidente Moderno, contra o qual ele advoga as lições de Spinoza sobre o poder da multidão na construção e compartilhamento do comum:

> Não bastava impor a regra soberana nem permitir, com isso, a decolagem do capitalismo. Havia também que retirar, dos súditos, a possibilidade de reconhecer sua própria potência singular; havia que justificar a expropriação dessa potência e a consciência de sua própria alienação por um estado de necessidade; finalmente, havia que suprimir todas as razões de uma eventual rebelião, de uma resistência possível. (...) A construção de tal condição representa o momento crucial das teorias políticas que se desenvolvem em torno da transcendência da soberania. Essa passagem é a da invenção do público. A expropriação do comum que se desenvolveu no seio do processo de acumulação primitiva transfigurou-se e mistificou-se através da invenção da utilidade pública.

Se esse comum expropriado – reificado, que transforma o "outro" e o "diferente" no troféu, no botim de guerra, no "exótico", no objeto-informante, enfim – está na base da instituição-museu ocidental, esse mesmo comum, reatualizado pela multidão contemporânea, por sua vez,

> exige (...) ser pensado como persistência das diferenças singulares enquanto diferenças, num agenciamento diferencial destas diferenças. Ele precisa ser experimentado como partilha das diferenças, ou seja,

como construção de um espaço – político, subjetivo e de vida – onde cada um reforça por sua própria diferença a potência desta comunalidade com o outro (REVEL, [2012b]).

A que forma-museu corresponderia isso? Como já apontado anteriormente, tal novo modelo de museu precisaria estar centrado não mais em uma relação contratualista, mas afeito à conformação constituinte do comum; não mais focado no objeto reificado e patrimonializado, mas aberto a uma informação biopolítica, ou seja, articulado com o ser vivente, na produção de modos de vida, no processo de subjetivação e no devir da memória e da cultura; não mais a serviço de um povo, população ou público, frutos de uma conceção transcendental de soberania, mas dentro da / imanente à multidão; e, por fim, não mais adstrito ao edifício (ou mesmo ao território, como no caso dos ecomuseus), mas a um território constituinte, pois fluxo de fluxos, rede de redes, redes e ruas.

Qualquer coisa diferente disso – e, a rigor, os atuais novos grandes museus de arte em construção ao redor do mundo são diferentes disso – talvez seja fomentar, mesmo que disfarçada em tecnologias e interatividades de última geração, uma visão meramente neoconservadora da arte, da vida e da sociedade a partir da (re)centralidade do objeto (a *opera prima*, a *master piece* etc.) e do "artista genial" (o autor inspirado, singular, gerador de formas *ex-nihilo*), a partir da (re)organização do território e da (re)disciplinarização das comunidades ao seu redor. Um caminho que nos faria inferir que a passagem do paradigma custodial ao pós-custodial talvez encubra uma questão de espelhamento, uma imagem invertida, apenas: um *outro da coisa* criticada a gerar certamente uma *outra coisa*, mas não necessária e verdadeiramente diferente. Ainda informações, mas não as próprias condições geradoras de novas informações. Avancemos, então, no desafio imposto pelo comum.

4.2 Para além do consumo cultural: o desafio do comum

Em outra ocasião e em outra parte deste texto[28], argumentamos que a mudança de paradigma produtivo (de fabril para cognitivo), detetado a partir da segunda metade do século passado, trouxe à baila um conjunto de conceitos que punha em xeque não apenas a compreensão que tínhamos de várias dimensões do social (econômica, territorial, etc.), mas também a própria forma como vínhamos encarando várias de nossas instituições (os museus aí incluídos).

Recuperando e resumindo aqui aquela argumentação, temos que a hegemonia das dimensões imateriais do trabalho, no âmago dessa mudança paradigmática, como já apontado, teria promovido o deslocamento da centralidade do chamado objeto-informante, impondo desafios analíticos em relação ao fenômeno-museu: agora não tanto mais associado à informação ancorada (materializada) em objetos, mas confrontado com uma informação biopolítica (atrelada ao ser vivente enquanto tal: afetivo, relacional, cooperativo, comunicacional etc.). Nesse

---

[28] Ver PIRES (2013) e a subseção 3.1.

contexto, o consumo cultural, atividade com a qual os museus estão associados, não se limitaria mais apenas ao consumo dos bens culturais (coisas), em si (filmes, livros, espetáculos, exposições etc.), mas diria respeito também (ou até mesmo, principalmente) às próprias formas de vida: diria respeito ao consumo de devires (e também à sua produção, é claro). E já não seria mais apenas um consumo, mas também uma produção de formas de vida (sendo neste momento que a forma-museu se reorganiza).

Como já esclarecido, isto porque o trabalho, na contemporaneidade, tornou-se eminentemente social. Algo coletivo e colaborativo, disperso pelo território, em meio a redes de redes, tornando centrais noções como "trabalho vivo" e "trabalho imaterial". Transformações que alteraram não apenas a natureza do trabalho (e da forma como se produz valor), mas também do espaço onde a produção ocorre, do tempo de sua produção e, sobretudo, do sujeito produtor (ou seja, da subjetividade mobilizada). Um trabalho vivo que, sendo processo e ato, é social e cultural, estando disperso pelo território, não mais restrito ao chão de fábrica. Uma transformação radical do sujeito de da produção: de pura subordinação ao capital para uma potência / capacidade produtiva baseada na linguagem e na cooperação, cujo núcleo central é a própria produção de subjetividades, e trazendo à baila dois outros conceitos: a "multidão" (HARDT; NEGRI, 2009), uma multiplicidade de singularidades cooperantes que se definem na relação de umas com as outras (NEGRI, 2005), e o "comum": isto que é, ao mesmo tempo, o produto e o produtor dessas singularidades cooperantes, dessas formas de vida produtoras de outras formas de vida, e, no nosso entender, justamente o pano de fundo (a base, o substrato) da problemática existente por trás da relação, já mencionada, entre museus e consumo cultural (enquanto consumo e produção de devires, e não meramente de bens culturais) no capitalismo cognitivo.

Diante dele, precisamos aprofundar ainda mais a análise dos impasses estruturais que essas transformações de paradigma causam para os museus e para a própria Teoria Museológica contemporânea (ao menos aquela mais relacionada com o museu-instituição). Principalmente quando o conceito começa a ser apropriado pelo setor, como podemos ver, mais de uma vez, no discurso do historiador de arte Manuel Borja-Villel, diretor do prestigiado museu madrilenho Reina Sofia, que advoga abertamente que os museus sejam "instituições do comum"[29]. Mas o que de fato isto quer dizer? Quais as suas implicações?

Para propormos algumas respostas a esses questionamentos (ou, pelo menos, apontarmos alguns caminhos), resgatamos uma das premissas deste estudo e formulamos duas outras perguntas-base para que nos guiem no aprofundamento de nossa argumentação.

A premissa é aquela que considera que, em tempos de capitalismo cognitivo, de produção imaterial e de trabalho vivo, o "informacional" – aquilo que é verdadeiramente significativo para a sobrevida do sistema – não se encontra (tão somente) materializado no dito objeto-informante, capturado para dentro

---

[29] Ver, neste sentido, BORJA-VILLEL (2010a; 2010b).

de nossas instituições de memória ou preservado em poderosos bancos de dados (no caso, em reservas técnicas). Trata-se, na verdade, de uma informação biopolítica que produz o comum linguístico, afetivo, relacional, cooperativo produzido pela (e produtor da) multidão contemporânea. É essa informação biopolítica (pois atrelada ao ser vivente – e produtivo – enquanto tal), que vem se transformando na nova fonte de produção de valor e, por isso mesmo, na "nova fronteira" a ser colonizada / mercantilizada pelo capital.

Com isso, nessa passagem do regime de acumulação fabril para um regime de acumulação cognitivo, na passagem das individualidades (povo) para as singularidades (multidão), das identidades (transcendência da massa e da classe) para as relações (imanência das redes e das ruas), de um modelo proprietário (público e/ou privado) para outro (comum), formulamos a primeira das questões, a saber: continuarão os museus essencialmente subtrativos, procurando simplesmente "incorporar" este suposto novo e biopolítico "informacional" (o comum) ao seu acervo por meio da musealização ou, ao contrário, serão capazes de redefinir a musealização como processo auxiliador da construção e (re)apropriação social – de forma não subtrativa – desse comum? Por outro lado, é possível transformar (fixar) o comum em acervo ou a transformação do comum em acervo não se constitui no terreno de uma nova contradição?

A segunda questão, por sua vez, dizia respeito à Teoria Museológica: onde, diante desta multiplicidade de singularidades produtoras de (e produzidas por) um comum, ela posicionará a musealidade[30]: ainda no comunicacional (no encontro) proposto pelos museus com base na materialidade dos objetos (CURY, 2005) ou, ao contrário, no que de museal[31] há no comunicacional em si (na imaterialidade do relacional existente fora daquelas instituições, lá no mundo-da-vida enquanto mundo-da-vida)? Dito de outra forma: no encontro engendrado pelo "fato museal"[32] ou no museal que, de fato, há em todo encontro?

Para avançarmos, compreendamos melhor o que se entende hoje por meio do conceito do comum.

4.2.1 O comum: categoria de produção, condição para a vida

É praticamente impossível pensarmos na compreensão contemporânea do termo "comum" sem que nos venha à mente o que um dia lemos ou ouvimos falar a respeito daquilo que passou à História como o cercamento dos campos na

---

[30] Segundo Stransky (*apud* BARAÇAL, 2008), musealidade é "um valor documentário específico dos objetos concretos e percetíveis da natureza e da sociedade, o valor da evidência autêntica da realidade". Para Maroevic (1997), por sua vez, é o "valor não material ou o significado de um objeto que nos dá o motivo de sua musealização".

[31] Adjetivo relativo a museu.

[32] Significa "a relação profunda entre o homem, sujeito que conhece, e o objeto, testemunho da realidade. Uma realidade da qual o homem também participa e sobre a qual ele tem o poder de agir, de exercer sua ação modificadora. (...) O que caracteriza, na realidade, esse fato museológico [sic], e é aí que entra o museu como um dado a considerar, é que essa relação profunda se faz num cenário institucionalizado, e esse cenário institucionalizado é o museu" (RUSSIO, 1983 *apud* ARANTES, 1984).

Inglaterra pré-revolução industrial. Um processo que, entre os séculos XVI e XVIII, transformou em propriedade privada – instituição fundamental do capitalismo, diga-se de passagem – as terras que, durante a Idade Média e o feudalismo, tinham sido, na verdade, de uso comum.

Com a privatização dessas terras comunais (*commons*), expulsaram-se os trabalhadores que delas se beneficiavam, sendo-lhes expropriados os meios (terra, recursos naturais etc.) e instrumentos (maquinário) de produção. Como resultado, àqueles camponeses só lhes restou vender – por um salário – a única coisa que então lhes havia sobrado: sua força de trabalho (instituindo-se assim a relação de produção predominante do capitalismo). Quanto à garantia da reprodução social, esta logo passaria às mãos do Estado.

Embora hoje ainda estejamos diante de uma "condição para a vida" (NEGRI, 2005), exatamente nos mesmos moldes que as antigas terras comunais inglesas o eram antes de serem cercadas na passagem do feudalismo para o capitalismo; embora ainda hoje também possamos relacionar o conceito com alguns aspetos básicos do viver em sociedade, como solidariedade, cooperação, doação, cuidado etc. (aspetos que, mesmo com os esforços em contrário por parte do processo de implantação do capitalismo, nunca deixaram de existir no mundo ocidental), ainda assim o comum ao qual nos referimos hoje vai muito além de terras cultiváveis por uma coletividade e de recursos naturais (água, ar etc.) a serem preservados para que se mantenham à disposição de todos. O comum que interessa não se reduz aos "bens comuns".

Inclusive, como lembram Hess e Ostrom (2007 *apud* ESTALLELA *et. al.,* 2013), a literatura especializada costuma abordar a questão do comum ou como um regime de propriedade singular ou como um tipo de recurso em torno do qual se estabelecem formas de governança. Claro está que ainda se trata de uma categoria de produção (NEGRI, 2011) e, neste sentido, suscita discussões a respeito de suas características e tipologias ou mesmo em torno de seu regime de propriedade. Mas isto é apenas um dos aspetos. O que é certo é que o que entendemos por comum encontra-se hoje profundamente marcado pelos avanços tecnológicos e pela disseminação das chamadas novas tecnologias de informação e comunicação - NTICs (principalmente a internet) que potencializam as identidades sociais e os interesses econômicos das pessoas (dando-lhes outra escala); e é fruto também da recontextualização de muitos bens públicos que começam a ser (re)pensados como bens comuns (como ruas, calçadas, hospitais etc.).

É diante disso que Hess (2008) agrupará em sete os domínios dos novos bens comuns – conhecimento, infraestruturas, comuns culturais, comuns advindos de projetos de vizinhança, comuns globais, saúde e mercado – e Lafuente (2007) os agrupará em quatro macroambiências (que já não são "bens comuns"): corpo, cidade, meio ambiente e meio digital. Para este autor, inclusive, um bem comum nada mais é que uma estratégia bem sucedida de construção de capacidades para um coletivo humano (LAFUENTE, 2007) e que ganham visibilidade – passam a ser percebidos como bens comuns – na medida em que se tornam ameaçados (ESTALELLA *et. al.,* 2013).

Afinal, é importante lembrar, o processo de cercamento do comum não foi algo pontual, restrito a um tempo e a um espaço determinados. Ao contrário, tem seguido à medida que novos recursos vão sendo criados por distintas comunidades, muitas vezes (geralmente, na verdade) fora do mercado e normalmente não abarcados pelo que chamamos de setor público. Isto porque uma de suas características é estar sempre em movimento: eles não param de crescer e decrescer (embora as novas tecnologias possam perfeitamente converter em esgotável o que há até bem pouco tempo era tido como infinito ou em excludente o que, em tese, não podia ser "cercado"). Aquilo sobre o qual ninguém pensava está agora na agenda do dia: "se se puede patentear uma terapia indígena, (...) privatizar un acuífero (...) o atemorizar um barrio, entonces es posible que alguien amenace los bienes de todos em provecho próprio." (LAFUENTE; JIMÉNEZ, 2010, p.20).

Assim, para melhor percebermos a complexidade do conceito, basta uma breve olhada na diversidade de aspetos e de enfoques analisados por alguns dos autores que se debruçaram mais recentemente sobre o tema, e cujas abordagens vão desde a redescoberta dos bens comuns como aspeto importante do comportamento humano e sua elevação à categoria de possível nova métrica do valor (BOLLIER, 2003) até a sua estreita relação com a dimensão biopolítica do capitalismo cognitivo (NEGRI, 2005); desde o novo sujeito por trás desses bens comuns imersos nesse novo regime de acumulação e do comum como possível nova universalidade (REVEL, [2012a], [2012b]) até as implicações de sua dimensão jurídica em contrariedade às das noções de púbico e privado

(NEGRI, 2011); desde a discussão em torno das novas instituições do comum (CARMONA *et.al.*, 2008) até a sua estreita relação com a economia da dádiva (LAFUENTE, 2007), entre vários outros.

Não se trata aqui, é claro, de esgotarmos toda a complexidade do termo. Para o fim a que se propõe este breve texto – compreender o impacto que o comum pode exercer na reflexão sobre a relação entre museus e consumo cultural nos dias de hoje –, nosso interesse recairá primordialmente sobre um aspeto básico central: sua estreita relação com a mudança de regime de acumulação no capitalismo mundial verificada ao longo da segunda metade do século passado (quando aquele passou de fabril a cognitivo).

4.2.2 Os desafios do comum: singularidade, imanência, cooperação, uma nova universalidade

A mudança de regime de acumulação é central à nossa discussão por, pelo menos, dois motivos: o primeiro deles tem a ver com outra das premissas apontadas no início deste trabalho: trata-se de uma questão de método. Como bem lembram Hardt e Negri (2005), Marx explicará nos *Grundrisse* que nosso entendimento do mundo deve adaptar-se à concretude desse mundo: a teoria social deve ser modelada pela realidade social e, com isso, demonstrar correspondência entre método e substância, forma e conteúdo. Ponderam, a partir disso, que, se a realidade muda, mudam-se também as teorias (e a mudança de teoria, no horizonte desse método materialista, é fundamental para mudar, em retorno, também a realidade). E, diante de uma nova realidade como a do capitalismo cognitivo, não seria diferente. Neste contexto fazem-se necessários repensar o papel dos museus e rediscutir alguns preceitos da própria Teoria Museológica.

O segundo motivo de sua centralidade é porque ela traz à baila – por trás desse trabalho de novo paradigma que caracteriza o capitalismo cognitivo – o tal novo sujeito político (social, produtivo) já citado anteriormente – a multidão –, assim como as singularidades que o compõem. Singularidades que, como já dito, constituem-se a si mesmas no contato de umas com as outras, no reconhecimento do "outro", no encontro, como dizia Althusser.

Uma conceção diametralmente oposta à do sujeito político concebido por Hobbes, Rousseau e Hegel – o povo –, visto que assentado na transcendência do soberano. Nestes termos, o povo representaria, de um lado, a abstração da multiplicidade das singularidades e sua união em uma transcendentalidade e, de outro, a dissolução do conjunto das singularidades em uma massa de indivíduos (NEGRI, [s.d.]). Uma figura cuja realidade substancial se dá por separação em relação à totalidade; uma relação que não é com um "eu", um "tu" ou com um "ele", mas sim com uma transcendentalidade que lhe confere uma identidade irredutível (NEGRI, 2005). Não esqueçamos, inclusive, que foi justamente sobre a identidade irredutível e proprietária do indivíduo, bem como sobre a abstração transcendental da figura do povo, que a forma-museu moderna (institucional) é instituída a partir da Revolução Francesa e se torna hegemônica no mundo ocidental.

A multidão, ao contrário, lembrará Negri ([s.d.]), é o nome de uma **imanência** e sua teoria exige que os sujeitos falem por si mesmos (são singularidades não representáveis mais do que indivíduos proprietários); é um conceito de **classe** (e, como tal, exige a redefinição da noção de exploração, visto que, no capitalismo cognitivo, a produção é social, não individual; o que se explora é a cooperação entre as singularidades, as redes que compõem seu conjunto, as ruas que abarcam tais redes etc.); por fim, a multidão é o conceito de uma **potência**, pois esse conjunto de singularidades produz além da medida, excede (não mais excedentes, mas excedências). Singularidade e cooperação tornam-se fundamentais na construção de qualquer que seja o bem, mercadoria ou produto.

O conceito de multidão descortina, assim, um mundo inteiramente novo, porque os corpos que a compõem – e a multidão é uma multidão de corpos (uma carne) – são puro trabalho vivo, pura expressão e cooperação, construção material do mundo (NEGRI, [s.d.]). Abundância. A multidão constitui o comum (e é por ele constituída). E o comum dessas singularidades que constituem a multidão é, acima de tudo, o comum das diferenças enquanto diferenças (REVEL, [2012a]). Nada a ver com a unidade artificial, abstrata e transcendental do povo.

Como apontado por Negri (2005), este novo sujeito político (social, produtivo, histórico, enfim) – a multidão – surge pelas transformações ocorridas em três instâncias: uma **nova forma de trabalho** (eminentemente intelectual e cooperativa); uma **nova temporalidade** (não mais regida pela jornada de trabalho, pois envolve todo o tempo de vida); e por **outra espacialidade:** a do próprio trabalho que, ao se tornar social e colaborativo, converte-se em um espaço de interações contínuas (redes e ruas). O trabalho, assim, não se rege mais pelo ciclo de tempo e de espaço da produção fabril. Insere-se, na verdade, em um fluxo contínuo biopolítico, que mobiliza a totalidade da vida. Por isso, o comum – produto e produtor desse novo sujeito, imerso nessa realidade biopolítica – impacta sobre o campo ontológico. E sua essência é o amor. Não o amor romântico, é claro, mas o amor como força ontológica, constituinte do ser, pois ato de solidariedade que existe na relação (NEGRI, 2005; HARDT; NEGRI, 2009).

Ser e relação como processos de singularização, de invenção. O comum, sob esta conceção, é um pressuposto e, neste sentido, não pode ser visto como um terreno sobre o qual são propostas, a partir de fora, ideias de justiça, organização etc. Segundo Negri (2011, p.7) o comum "pode somente conter a construção dos usos e governar-se em imanência": não leis, mas direitos. Autonomia e liberdade não são conceitos fundados sobre separação e proteção, mas sim sobre nosso próprio poder (e nenhum modelo contratual pode dar conta dele). Por sua vez, singularização e invenção remetem-nos inevitavelmente à ideia de resistência: contra quem lutariam os que trabalham em rede de forma independente e livre, pergunta-se Negri (2005)? Contra nada e contra ninguém, apenas pelo desejo de construir sua própria realidade, ele responderá. A "constituição do comum" a que se referirá Negri (2005), portanto, diz respeito a esta capacidade de termos nas próprias mãos as condições biopolíticas de nossa própria existência. O comum, desta forma, são as formas de vida da multidão, as dimensões políticas e ao mesmo tempo produtivas da vida.

A realidade do comum contemporâneo é essa nova realidade do trabalho cognitivo, uma nova experiência que se depara com cooperação social, circulação dos saberes, compartilhamento dos recursos, produtividade das inteligências postas em relação, vida política e socialmente qualificada, invenção de si e dos outros, invenção de si através dos outros. Tudo isso, por se encontrar por toda parte, na compreensão de Revel ([2012a], p.106), suscita outra pergunta: "quem doravante governará essa enorme quantidade de valor que fabricamos juntos e quais delas serão as instituições futuras?" Sua aposta recai sobre uma nova universalidade por construir: a de uma política do comum enquanto ética das diferenças.

Cumpre-nos perguntar agora: seriam (ou podem vir a ser) os museus instituições do comum?

Para discutirmos isso, partamos brevemente do que argumenta Manuel Borja-Villel. Em seu artigo de opinião publicado no jornal espanhol Público, Borja-Villel (2010a) inicia sua argumentação lembrando que, hoje em dia, os museus, ainda que mantenham uma importância em meio à "economia criativa", perderam, enquanto instituições públicas, uma parte de seu poder de mediação ou até mesmo a posição privilegiada que tinham no ambiente cultural. Os grandes responsáveis por essa situação, na opinião do diretor do Reina Sofia, seriam, de um lado, os *majors* das indústrias culturais e de comunicação; de outro, a miríade de produtores que atuam com base em sua própria singularidade criativa. Fora, é claro, a crise econômica mundial, da qual os museus não estariam isentos. Diante deste quadro, acrescenta:

> si el paradigma economico basado en la especulación y el dinero fácil no se sustenta, es evidente que la primacía del edificio y del espectáculo sobre el programa artístico ha dejado de tener validez y que la exigencia de inventar otros modelos es imperiosa (BORJA-VILLEL, 2010a).

A saída por ele vislumbrada passaria pelo redimensionamento dos museus enquanto instituições do comum. E fazer isso discutindo, justamente, esta dimensão institucional, visto que todo novo modelo cultural, em sua opinião, deve vir acompanhado de mudanças nesse âmbito. Afinal, acrescenta: "las instituciones son las principales estructuras de invención de lo social, de un hacer afirmativo y no limitativo" (BORJA-VILLEL, 2010a). Redimensionar a instituição-museu a partir do comum, a partir de uma multiplicidade de singularidades que constituem uma terceira e distinta esfera (nem pública / Estado, nem privada / Mercado), seria o melhor caminho para sua reinvenção. Com isso, o grande objetivo dessa instituição renovada seria constituir-se em um espaço para a política, um espaço que acolhesse a multiplicidade e protegesse seus interesses, favorecendo suas excedências éticas, políticas e criativas contra a domesticação e mercantilização empreendidas pelo grande capital. Em suma, "es primordial lograr que las instituciones devuelvan a la sociedad lo que capturan de esta y que no se produzca el secuestro de lo común a través de las individualidades." (BORJA-VILLEL, 2010a).

Para tanto, concebe a passagem do museu-instituição (subtrativo) para o museu-instituição do comum (ao menos como vislumbra para o Reina Sofia) como estando assentada em três pilares: 1) transformação da coleção (não mais concebida como uma história compacta e excludente, mas como propositora de uma "identidade relacional": nem única, nem atávica, múltipla, aberta ao reconhecimento do "outro"); 2) constituição de um arquivo do comum (um arquivo de arquivos, que se assente na abundância e que rompa com a noção de museu-proprietário para incorporar a noção de custódia de bens que pertencem a todos e que estejam à disposição de toda a comunidade de usuários); 3) criação de uma rede heterogêna de trabalho com coletivos, movimentos sociais, universidades etc.

Em uma primeira instância, a proposta parece ser excelente. Esta tentativa do museu tradicional (o museu-instituição, o museu-edifício contenedor do objeto-informante) de incorporar a dimensão do comum ao seu *ethos* (institucionalidade) e *modus operandi* nos remete, no nosso entender, de uma certa forma, a um reconhecimento e tentativa de incorporação de importantes aspetos das experiências desenvolvidas nos ecomuseus e demais museus de território e comunitários a partir dos anos 1960, bem como das formulações teóricas da Nova Museologia / Museologia Social a partir dos anos 1980[33], que, de saída, questionaram o tripé **edifício** (ampliando-o para a ideia de território), **coleção** (redimensionando-a em termos de patrimônio) e **público** (que seria a própria comunidade que instituiu o museu). E vai além dessas proposições ao incorporar noções originalmente não trabalhadas por estas experiências e formulações, como a questão das redes ou mesmo a extrapolação da ideia de identidade (em prol de uma multiplicidade de singularidades), por exemplo.

Apesar dos avanços evidentes, onde, no entanto, esta perspetiva apresenta possíveis "falhas" e, por conta delas, não rompe efetivamente com o modelo tradicional de museu (fazendo com que permaneça ainda muito próxima de um aparelho de captura)? Em pelo menos dois aspectos: de um lado, na questão óbvia e mais imediata da governabilidade de toda

---

[33] Não nos compete aqui, por conta dos limites e objetivos deste texto, estendermos a reflexão sobre o impacto do comum no campo da Museologia às experiências desenvolvidas pelos ecomuseus e demais experiências comunitárias e territoriais, bem como às proposições teóricas da Nova Museologia / Museologia Social. Este é certamente um estudo inteiro à parte. Principalmente porque, no nosso entender, uma museologia do comum e da excedência, nos moldes em que o comum foi aqui apresentado, levaria a prática e a teoria da Museologia para outro patamar, do mesmo modo que a Nova Museologia / Museologia Social, em seu tempo, advogando por uma reformulação do tripé espaço (de edifício para o território) / conteúdo (de acervo para patrimônio) / sujeito (de público para comunidade), também o fez. Deixaremos, portanto, esta análise específica para outra ocasião quando, em seu esforço, advogaremos por uma "museologia da monstruosidade", ou seja, uma museologia focada na excedência produtiva (monstruosa, no entender de Hardt e Negri) da multidão.

esta máquina geradora (e custodiadora) de uma riqueza produzida coletivamente (e do próprio conteúdo produzido, por extensão), questão já levantada por Revel ([2012a]) em outra parte deste texto. O museu-instituição, paradigma (conservador, diga-se de passagem) de museu para o International Council of Museums – ICOM[34], é uma entidade pública no que tange o acesso ao seu conteúdo mas, em termos de sua gestão, ela é normalmente pública ou privada. O próprio Reina Sofia pertence à esfera pública espanhola (seu Ministério da Cultura). Ele não é um museu surgido de um esforço / interesse comunitário (nos moldes preconizados pela Nova Museologia / Museologia Social ou mesmo pela literatura do comum), nem sua gestão dá-se por este viés.

Não sendo administrado pela comunidade de interessados – ou de "afetados", como chamarão Lafuente e Jiménez (2010) –, mas por um corpo profissional, o segundo problema que esta proposição levanta é a que concerne justamente ao princípio subtrativo inerente à forma-museu moderna, ao museu-instituição tradicional. Incorporar a multiplicidade de singularidades produtora do comum, constituir um "arquivo de arquivos" à disposição de todos, passar de um modelo proprietário para um modelo custodial (ou mesmo pós-custodial, como aventado anteriormente) não eximem este "novo" museu de seu *modus operandi* extrator e conservador ("introjector de conhecimentos"). Este "novo"

---

[34] Ver definição oficial de museu em < http://icom.museum/the-vision/museum-definition/ >. Acesso em: 20 fev. 2017.

museu representa um avanço, sem dúvida, mas não o suficiente para romper realmente com sua forma-moderna institucional.

Tudo isso leva-nos a especular, portanto, que, diante da passagem do moderno (individual, subtrativo, fabril, objetual) para o pós-moderno (multitudinário, comunal, territorial, relacional), naquilo que tange especificamente o mundo dos museus, o desafio imposto pelo reconhecimento do comum não é apenas o imposto pelo reconhecimento de que a produção (das coisas, da vida, de tudo) é agora essencialmente biopolítica, ou seja, empreendida por uma multiplicidade de singularidades que se constitui na relação de umas com as outras. Uma produção dispersa pelo território e que, por ser colaborativa, excede, transborda[35]. No nosso entender, porém, o verdadeiro desafio é o imposto às conceções de **museal** (alusivo a museu) e de **musealidade** (qualidade daquilo que é incorporado ao museu). Vejamos brevemente o por quê.

A forma-museu moderna, institucional, representacional, pós-Revolução Francesa, funda-se sobre as metafísicas da individualidade, sobre direitos e propriedades definidos transcendentalmente, sobre princípios subtrativos: musealizar, nos moldes da museologia tradicional, é sempre subtrair (de sua função e contexto originais) para ressignificar ao ser inserido em uma coleção, contida dentro de um

---

[35] A rigor, no nosso entender, discussões como as que ocorrem em torno do multiculturalismo ou do dialogismo das exposições já visam, de alguma forma, reconhecer este "outro" na Teoria Museológica. Porém, não se trata (somente) disso.

contenedor criado (ou adaptado) para este fim chamado museu[36].

Para parte significativa da Teoria Museológica hoje vigente, tão afeita a definições e nomenclaturas, museal é um adjetivo relativo a museu (e museu é aqui tido, em geral, como uma instituição). Fato museal, por sua vez, seria o "encontro" proporcionado pelo museu (através das exposições que organiza) entre o homem (sujeito do conhecimento) e o objeto (testemunho da realidade onde o próprio homem atua), como preconizado por Russio (1983 *apud* ARANTES, 1984). Através desse encontro, teríamos a possibilidade de nos deparar com a musealidade das coisas, ou seja, a qualidade de algo (ou, sob outra perspetiva, sua "carga informacional") que, em um dado momento e sob determinadas condições, justificou a sua transformação (ressignificação) de "coisa" em "objeto de museu" através do processo (subtrativo) da musealização. O fato museal – a rigor realizado única e exclusivamente dentro de um espaço instituído especificamente para este fim – permitir-nos-ia ter acesso ao que Cury (2005) chama de "poesia das coisas".

Sob esta perspetiva, o museu é sempre um contenedor e um de seus principais dilemas reside em incluir ou não incluir, em conter ou não conter. A discussão contemporânea em torno

---

[36] Vale frisar que a Nova Museologia / Museologia Social possui outra abordagem no que tange a musealização, visto que, em experiências museísticas como as dos ecomuseus, dos museus comunitários, dos museus de território, ou mesmo outras, a peça não precisa ser necessariamente subtraída de seu contexto, nem mesmo de sua função original.

dos museus, porém, deve se dar para além da ideia de "inclusão". Isto porque na modernidade que criou o museu-instituição que conhecemos, o "outro" (normalmente pobre e diferente) era "incluído" (homologado) na sociedade burguesa pela ordem fabril e, com isso, tinha suas necessidades padronizadas. Sua cidadania (forma de pertencimento, de inclusão) era obtida pelo emprego (fabril) e pela relação salarial. Seu tempo de vida dividia-se em tempo de trabalho e tempo livre. Aqui, sob este prisma, as noções de "inclusão" e "exclusão" eram mais explícitas.

No capitalismo cognitivo, ao contrário, a vida como um todo, em toda a sua heterogeneidade, em toda a sua extensão, é que é subsumida ao capital. Este, por sua vez, não organiza mais o trabalho e a cooperação social, mas sim os mecanismos de captura *a posteriori* da riqueza produzida em comum. O trabalho vivo – o meu, o teu, o de todos nós – torna-se produtivo diretamente no território, na colaboração, no contato das diferenças, entre as redes e as ruas. Na centralidade que hoje adquiriu, o trabalho vivo possui uma potente dimensão de autonomia. Não é preciso mais entrar na ordem fabril e passar pelo chão de fábrica para ser incluído. Neste sentido, incluídos estamos todos nós (inclusive os excluídos). É neste sentido que precisamos ir para além do discurso (sob este prisma, moderno) da "inclusão" nos museus: ir para além da transcendentalidade do indivíduo-povo-proprietário, rumo ao reconhecimento da potência e da autonomia das singularidades que compõem a multidão.

Assim, mais do que o direito de fazer parte e de se ver representado como aquilo que se é (em uma exposição, em uma coleção de museu), é preciso reconhecer o direito de sermos qualquer coisa que se queira ser, onde se queira ser, no momento em que se queira ser, inclusive resistindo a toda e qualquer captura que promova a inclusão pela exclusão, pela subtração, pela individuação, pelo congelamento no identitário, pela interrupção do movimento, por sua inserção em um contenedor. Direito inclusive à não-representação, portanto, a um consumo (produtivo) de devires na relação direta com as diferenças, na relação direta com o "outro", sem mediações.

A luta, portanto, agora, talvez seja não apenas por um museu que "inclua" (ou ainda seria "captura"?) o comum, mas sim por um museu que não seja apenas continente, mas conteúdo também: que não seja apenas prédio, território ou sítio na web, mas que seja ato, acontecimento, que seja o reconhecimento e expressão de um encontro, uma prática constituinte do ser e instituinte de outros devires. Um museu que não se preocupe apenas em promover o encontro do fato museal em um espaço instituído, mas que seja o reconhecimento do que de museal (significativo, instituinte) há, de fato, em todo encontro.

Nos moldes em que parte da Teoria Museológica encontra-se hoje formulada, o comum a que se refere Borja-Villel em suas declarações corre o risco de não ser nada muito além do que meramente uma instância produtora de novos objetos-informantes (mesmo que não objetuais, não físicos, não materiais), os devires das singularidades que ali se constituem: uma nova esfera para se buscar e capturar um novo informacional a ser conservado (musealizado) dentro de algum tipo de museu-continente, ou que complementará o informacional ali já existente.

Devemos, portanto, ir além de Borja-Villel e refletir sobre um museu que seja processo instituinte e constiuinte; que não seja apenas uma instituição instituída (nem mesmo do comum).

Para tanto, acrescentemos ao desafio imposto pelo comum, o desafio imposto por esta multiplicidade de singularidades que o constituem (e que é por ele constituída): a multidão.

4.3 Para além da "obra aberta": museus, ação e multidão

Apesar da imensa variedade de experiências museísticas hoje encontradas ao redor do mundo – e, por isso mesmo, do imenso risco que corremos ao sugerir esta ou aquela generalização –, não creio que incorreremos em algum grande erro se afirmarmos que a relação entre "museu" e "informação" é estreita e inequívoca. Inclusive, duas das compreensões mais fortes no campo da Museologia dizem respeito justamente a essa afirmação: por um lado, aquela de que os objetos preservados em museus são fontes privilegiadas de informação; por outro, aquela de que as exposições – aquilo que, aos olhos de muitos, constitui o *core*, a razão mesma de ser dos museus – são veículos, por excelência, de comunicação dessa informação ao grande público.

Compreender os museus como agências infocomunicacionais (coletoras, processadoras e comunicadoras de informação), como "centrais de cálculo", não seria, assim, descalabro algum. Como também não seria descalabro algum afirmar que – justamente por sua dimensão infocomunicacional – muitos museus erigiram-se (e vêm se apresentando ao mundo) fundados sobre a centralidade da "obra" e da "autoria" (noções identitárias, correlatas entre si e de forte carga informacional). Enfatizar, a partir daí, o caráter de "obra aberta" – ou seja, polissêmico – não apenas dos itens que compõem um acervo, mas também dos próprios museus e exposições (LOUREIRO; SILVA, 2007) seria inclusive uma espécie de decorrência natural: exposições seriam obras abertas, tanto quanto os museus que as acolhem e, por conta disso, seu sentido somente se efetuaria na relação com o fruidor (SCHEINER, 2003).

Assim, descalabro mesmo talvez fosse dizer – e esta é a nossa proposição com esta seção – que, na contemporaneidade, diante das novas condições materiais de produção, a centralidade assumida pelo conhecimento (não tanto mais pela informação) na produção de si, do outro, da vida e do mundo não apenas faz soçobrar o que entendíamos por obra (bem como por objeto e autoria), como põe definitivamente em xeque a própria compreensão que herdamos de museu. Dito de outra forma: a multidão de singularidades cooperantes, em substituição ao indivíduo autor de obras individuadas (que caracterizou toda a modernidade fabril), inviabiliza a crença no museu meramente como agência infocomunicacional ao nos fazer questionar a atualidade e pertinência do próprio modelo da obra aberta (em especial a centralidade posta na abertura interpretativa da obra, ao invés da abertura acontecimental por trás de uma *práxis* colaborativa sem autor).

Para aprofundarmos esse debate, articularemos nossa argumentação em torno de três partes: a primeira relembrará os termos gerais da estreita relação estabelecida por Umberto Eco entre "obra", "informação", "polissemia" e "interpretação criadora"; a segunda apresentará uma extrapolação a esse modelo a partir de uma síntese da emergência do capitalismo cognitivo e da desmaterialização do trabalho ao lado das considerações de Paolo Virno sobre a dissolução da distinção entre trabalho (*poiesis*), ação política (*práxis*) e intelecto (vida da mente) em meio a uma produção contemporânea virtuosa (sem obra). Por fim, a terceira e última parte discutirá, com Szaniecki (2013), o papel do museu na contemporaneidade em consonância com as considerações apresentadas por Corrêa (2013), Cocco e Negri (2013), bem como Pillati, Negri e Cocco (2013) sobre as recentes manifestações ocorridas no Brasil (em particular na cidade do Rio de Janeiro).

A escolha deste material deu-se por dois motivos: por um lado, porque a cidade encontra-se em meio a um amplo processo de espetacularização e gentrificação (uma gentrificação espetacular e/ou um espetáculo gentrificador), servido por uma série de grandes eventos e ancorado, sintomaticamente, na construção de novos grandes museus (em relação ao que parte das recentes manifestações ocorridas relacionam-se); por outro lado, porque isto que vem sendo tratado como o "levante da multidão", a nossa "primavera" (outonal), é bastante esclarecedor de nosso tempo e, por extensão, dos desafios impostos à Ciência da Informação e à

Museologia: não mais considerar o museu somente (ou fundamentalmente) como uma agência infocomunicacional baseada em uma poética (mesmo que uma poética da abertura) produtora de obras (capturáveis / capturadas para dentro de sua coleção), mas considerá-lo também (ou essencialmente) como centrado na *práxis* do mundo-da-vida: em uma poética da ação, do acontecimental (um "sendo" que é, antes mesmo – e independentemente – que vire objeto de museu). Diante disso é preciso perguntar: em um mundo relacional, acontecimental, de trabalho sem obra e de obra sem autor (COCCO, 2012), ainda há de haver o museu que conhecemos ou advirá outra forma-museu? Que forma-museu seria esta? Como a Ciência da Informação e a Teoria Museológica lidarão com isto?

Comecemos então nosso percurso em busca de possíveis respostas a estas perguntas pela abertura da obra proposta por Eco (1991).

4.3.1 O modelo da "obra aberta": ambiguidade e interpretação criadora

Em a "Obra aberta" (1958), o que Umberto Eco defende é que, embora a palavra "obra" designe um objeto dotado de propriedades estruturais (uma forma) definidas por um autor, o que caracteriza toda e qualquer "obra de arte" é, na verdade, a sua "abertura" (polissemia)[37]: uma pluralidade de significados

---

[37] É importante lembrar que o poeta brasileiro Haroldo de Campos irá propor, em 1955 (três anos, portanto, antes de Umberto Eco, e ambos sem contato um com o outro, ao que se consta), a abertura da obra de arte (CAMPOS; PIGNATÁRI; CAMPOS, 1975).

em um único significante. Ou seja, embora todo autor deseje que sua forma seja fruída de uma determinada maneira, a reação de cada um de nós à "teia dos estímulos" proposta pelo autor faz com que a compreensão da forma originária o seja mediante uma determinada perspetiva individual. A obra de arte é, portanto, uma forma fechada (enquanto organismo) que é também aberta (enquanto fonte de múltiplas interpretações). E complementa Eco (1991, p.40, grifos do autor): "cada fruição é (...) uma *interpretação* e uma *execução*, pois em cada fruição a obra revive dentro de uma perspetiva original."

Mas, ao mesmo tempo, não é só isso (embora isso já seja muita coisa): ele propõe também que o que há aqui de especial – e é isso o que vai motivá-lo a desenvolver os ensaios que irão compor a "Obra aberta" – é o fato de que nas poéticas[38] contemporâneas, no entanto, esta ambiguidade não é apenas uma característica intrínseca, mas uma finalidade explícita, um valor a realizar. Para o artista contemporâneo, a abertura não seria um mero "sujeitar-se", mas sim um elemento do programa produtivo (*poiesis*). Com isso, seu grande objetivo é "compreender a natureza da ambiguidade almejada pelas poéticas contemporâneas" (ECO, 1991, p.23). E isto porque ele irá ponderar que a importância dos momentos de "fechamento" ou de "abertura" conscientes da obra, empreendidos pelos diversos artistas, estilos e movimentos ao longo da história (independentemente do fato de que toda obra

---

[38] Eco (1991, p.24) entende poética "não como sistema de regras coercitivas (...) mas como programa operacional que o artista se propõe de cada vez, o projeto de obra a realizar tal como é entendido, explícita ou implicitamente, pelo artista."

é intrinsecamente aberta, repito), não recai sobre o fato, em si, de haver uma maior ou menor quantidade de possibilidades interpretativas, mas sim sobre o fato de que expressam diferentes visões de mundo.

Por trás de suas inquietações, portanto, é bom lembrar, encontra(m)-se a(s) forma(s) segundo a(s) qual(is) a arte e os artistas reagem ante a provocação da Desordem (do Acaso, do Ambíguo, do Indeterminado etc.). Não toda e qualquer desordem, obviamente; não ao menos uma desordem cega e incurável, mas aquilo que ele designará como "a desordem fecunda evidenciada pela cultura moderna", ou seja, a rutura com uma ordem tradicional, tida como imutável e identificada com a estrutura objetiva do mundo. Segundo Eco (1991, p.23), "desde que essa noção se dissolveu (...) a arte não tem feito outra coisa senão aceitar essa situação e tentar (...) *dar-lhe forma.*"

A partir daí, e para evitar incorrer no risco de um discurso metafórico tornar-se um discurso metafísico, procede a uma série de definições / esclarecimentos: 1) quanto ao âmbito da pesquisa; 2) com relação ao valor da noção de "obra aberta"; 3) o que significa falar de "estrutura de uma obra aberta" (de modo a poder compará-la com a de outros fenômenos culturais); e, por fim, 4) se tal pesquisa deve ser um fim, em si mesma, ou se ela prepara / antecipa correlações *a posteriori.*

Assim, no que concerne ao valor da noção mobilizada por Eco (1991), este ponderará que a abertura de uma obra de arte, por ser uma constante de qualquer obra em qualquer tempo, não apresenta uma relevância axiológica em si. A obra aberta não é uma categoria crítica (a julgar que umas obras o sejam, enquanto outras não), mas um modelo hipotético elaborado a partir de análises concretas com vistas a indicar uma direção da arte contemporânea. Em um sentido mais empírico, representa uma categoria explicativa desenvolvida para exemplificar uma tendência das várias poéticas. É, portanto, uma abstração (um modelo) que indica uma determinada linha de discurso e implica uma certa decisão metodológica com o intuito de apontar uma *forma comum* a diversos fenômenos, "uma tendência operativa comum, a tendência a produzir obras que, do ponto de vista da relação de consumação, apresentassem similaridades estruturais" (ECO, 1991, p.26).

E o que significa, então, falar em "estrutura" de uma obra aberta? Antes de esclarecermos isso, porém, não podemos esquecer que o termo presta-se a equívocos porque, muitas vezes, é usado como sinônimo de forma (o que de fato ele o é). Porém, empregar estrutura distintamente de forma faz sentido quando o que se quer por em evidência é a sua analisibilidade, não tanto a sua consistência física. Ou seja, o que se almeja com a expressão "estrutura de uma obra aberta" é referir-se à sua possibilidade de decomposição em relações a fim que se isole o tipo de relação fruitiva ao qual o modelo proposto se refere. O modelo da obra aberta baseia-se, portanto, em uma relação – a estabelecida entre produção x obra x fruição – e esta relação é similar em casos diferentes. Como explica Eco (1991, p.29): "é justamente para por em foco a generalidade e transponibilidade desse sistema de relações que se reduz uma forma a um sistema de relações justamente para mostrar no objeto isolado a presença de uma 'estrutura' que o aparenta com outros objetos." Assim, a estrutura de uma obra não é a sua fisicalidade, mas o que ela tem em comum com outras obras. E no caso específico do modelo da obra aberta, a sua estrutura refere-se a uma determinada relação fruitiva com seus recetores.

Uma abertura (uma polissemia) que é intrínseca a toda obra de arte e, desta forma, estruturalmente relacionada à dimensão fruitiva dos recetores: com isto, faz-se com que toda interpretação seja definitiva (visto que, para o intérprete, ela é a própria obra) e, ao mesmo tempo, seja também provisória (visto que, para este mesmo intérprete, há uma necessidade de se aprofundar a própria interpretação *ad infinitum*): ou seja, cada interpretação exclui as outras, mas não as nega (ECO, 1991, p.64-65).

Com o modelo da obra aberta, desenvolvido a partir da mobilização do instrumental teórico fornecido pela linguística, pela psicologia, pela semiótica e, sobretudo, pela então recém formulada Teoria da Informação[39], Eco (1991, p.31) não se referirá, portanto, a obras factuais definíveis como "abertas" (em contraposição a "fechadas"), mas sim a uma "metáfora epistemológica": algo que não visa "uma revelação acerca da natureza das coisas", mas sim "uma clarificação acerca de uma situação cultural em processo na qual se desenham conexões, entre os vários ramos do saber e as várias atividades humanas." Com isto, temos que, diante de uma determinada

---

[39] Vale lembrar que o marco fundador dessa teoria – o artigo "A Mathematical Theory of Communication", do norte-americano Claude Shannon – ocorreu em 1948, apenas dez anos antes do lançamento de "Obra aberta".

multiplicidade de mensagens, parece útil (ou mesmo possível) definir cada uma das diversas estruturas em questão valendo-se dos mesmos instrumentos e reduzindo-as a parâmetros semelhantes. Para esta compreensão, a discussão em torno da informação compreendida como probabilidade (não enquanto conteúdo comunicado), no cerne da Teoria da Informação, foi central.

Como lembra Eco (1991, p.101, grifos do autor), com base nas proposições daquela teoria: "a informação não é tanto o que é dito, *mas o que pode ser dito. A informação é a medida de uma possibilidade de escolha na seleção de uma mensagem*". Para a Teoria da Informação, portanto, o significado do que é comunicado não conta (conta apenas o número de alternativas necessárias para que possamos definir um determinado evento sem ambiguidades). Desta forma, quando um autor contemporâneo confere uma abertura de segundo grau à sua obra (considerando-se que a abertura de primeiro grau é o fato de que toda obra de arte já é aberta, a despeito do autor visar uma comunicação unívoca e não ambígua), Eco (1991, p.92) considera que se trata de um "acréscimo de informação" (nos moldes da TI), não uma multiplicação das significações possíveis (visto que muitos analistas nem consideram tratar-se de "significado" quando se referem ao tipo de comunicação propiciado por um sinal pictórico não figurativo, por exemplo). Eco (1991, p.102) lembra que informação, para a Teoria da Informação, é um valor de equiprobabilidade entre muitos elementos combináveis; quanto mais numerosas forem as escolhas possíveis, maior este valor. Ou seja, do ponto de vista da TI, quanto mais caótica for uma fonte, mais informativa. Por outro lado, menos passível de se transmitir uma mensagem. Para que a transmissão ocorra é preciso reduzir a entropia (reduzir as escolhas e as combinações) e, para tanto, um código (enquanto função ordenadora) faz-se necessário. Assim, à informação da fonte (equiprobabilidade dos elementos) irá contrapor-se uma informação do código (possibilidade de elaboração de mensagens quando a desordem estatística vira ordem probabilística). Temos assim que "(...) a fonte é entrópica em relação ao código que limita seus elementos pertinentes aos fins da comunicação, mas o código possui uma entropia relativa com relação às mensagens indefinidas que pode gerar" (ECO, 1991, p.107). Ou seja, somos ordenados em relação a uma desordem anterior e desordenados em relação a uma ordem posterior. Neste jogo de ordem x desordem, as poéticas contemporâneas denotariam uma tendência da cultura rumo aos processos que se estabelecem como um campo de possibilidades (não tanto como uma sequência unívoca e necessária de eventos). Daí a compreensão de Eco (1991) quanto a uma possível aproximação dos estudos no campo estético com determinados instrumentos advindos das pesquisas no campo da informação. Para ele, à Estética interessam mais *os modos de dizer* do que propriamente *o que é dito*. Sua preocupação, portanto, não é tanto com o conteúdo, mas com as possibilidades (e impossibilidades) de se dizer esse conteúdo; com a ordem e a desordem.

O procedimento teórico-metodológico levado adiante por Eco (1991) baseia-se, assim, em seu reconhecimento da importância e pertinência de uma das inúmeras lições legadas às ciências humanas e sociais pelo marxismo[40]. No entanto, não pretende fazer denotar aí uma exclusiva ancoragem na determinação do contexto histórico. Para Eco (1991, p.34), "uma obra de arte ou um sistema de pensamento, nasce de uma rede complexa de influências, a maioria das quais se desenvolve ao nível específico da obra ou sistema de que faz parte." Seja como for, o modelo que ele elabora não apenas denota ser fruto (inteligente das inúmeras possibilidades técnicas, teóricas e conceituais) de seu tempo (fazendo cruzar avanços da arte e da ciência, procurando ver, na primeira, ressonâncias de algumas tendências da segunda[41] e vislumbrando elementos comuns de uma nova visão de mundo) como, também, encerra em si (pelo menos) três outros grandes méritos: em primeiro lugar, realça e reforça a natureza polissêmica de toda obra humana (não apenas artística, mas qualquer uma relacionada com a linguagem, fundamento da cultura e organizadora dos demais sistemas simbólicos: a obra de arte é aberta, portanto, porque a linguagem que lhe dá sustentação também o é); em segundo lugar, ele estabelece e antecipa, em pelo menos uma década, o fundamento de uma crítica possível à bestialização do espectador propugnada em a

---

[40] "(...) os vários universos culturais nascem, sem dúvida, de um contexto histórico-econômico e tornar-se-ia bastante difícil compreender a fundo os primeiros sem os relacionar com o segundo (...)" (ECO, 1991, p.34).

[41] "(...) em cada século, o modo pelo qual as formas da arte se estruturam reflete – à guisa de similitude, de metaforização, resolução, justamente, do conceito em figura – o modo pelo qual a ciência ou, seja como for, a cultura da época veem a realidade" (ECO, 1991, p.54).

"Sociedade do espetáculo", de Debord (1997), ao afirmar que o fruidor é, inexoravelmente, também um (re)criador da obra que frui, ideia que encontraremos melhor desenvolvida em "O espectador emancipado", de Rancière (2010); por fim, em terceiro lugar, outro dos méritos do modelo é que ele estabelece, no nosso entender, um estreito e rico diálogo com importantes autores que o antecedem (como Walter Benjamin) e que o sucedem (como Paolo Virno).

A despeito de todos esses méritos, porém, acreditamos que, ao lado dessa ênfase nos modos de dizer, e diante da centralidade adquirida pelo conhecimento no atual estágio do capitalismo (cognitivo), hoje conta também – e muito – o que está sendo dito. Por isso a questão da possibilidade (estrutural) de múltiplas interpretações de uma obra, no cerne do modelo proposto por Eco (1991), embora pertinente por mais de 50 anos (e esclarecedor de uma série de fenômenos culturais), precisa hoje ser revista e ampliada para que se inclua também, além da questão da polissemia, a própria questão dos modos de fazer, a própria ação: não apenas a *poiesis*, mas a própria *práxis*. Para tanto, passaremos a considerar aqui as transformações no capitalismo contemporâneo e a relação entre trabalho e virtuosismo em um horizonte de trabalho sem obra, conforme elaborados por Virno (2001) e Cocco (2012).

4.3.2 Capitalismo cognitivo e virtuosismo: trabalho sem obra, obra sem autor

Como já apontado anteriormente, "há mais de trinta anos o trabalho continua a descolar-se do emprego e a subsumir o tempo de vida como um todo" (COCCO, 2012, p.21), trazendo à luz a centralidade de um trabalho vivo "que existe como processo e como ato" (MARX apud COCCO, 1999, p.274), e que, sendo processo e ato, é social e cultural, disperso pelo território. Com isso, uma transformação radical do sujeito diante da produção opera-se: de pura subordinação ao capital para uma potência / capacidade produtiva baseada na linguagem e na cooperação capaz de produzir uma desmedida (um suplemento de valor para os mesmos objetos de consumo) que não se reduz mais à tradicional extração de um tempo de trabalho excedente (COCCO, 2012).

Como podemos aqui relembrar, o desenvolvimento dessas "subjetividades produtivas", cerne do capitalismo cognitivo e do trabalho imaterial, faz transparecer a característica biopolítica da produção contemporânea, qual seja: formas de vida produzindo formas de vida, isto é, um modelo antropogenético onde a produção de conhecimento por meio do conhecimento aparece como produção do homem por meio do homem (COCCO, 2012). Seu núcleo central não é mais a produção de objetos para sujeitos (mercadorias), mas a própria produção de subjetividades[42]. Isto nos põe diante da necessidade de adotarmos outro sujeito social (político e produtivo), algo distinto da ideia uniformizadora de "povo".

---

[42] Enquanto a informação "permitia instaurar um mesmo mundo que os atores compartilhavam com base na mensurabilidade e equivalência generalizada: aquela dos preços", o conhecimento "diz respeito a uma multiplicidade de mundos. O que caracteriza o conhecimento é o fato de ser uma produção de mundos" (COCCO, 2012, p.12).

Este outro sujeito social, apontado em outro local deste trabalho, é a "multidão", uma multiplicidade de subjetividades (singularidades) cooperantes que se definem na relação de umas com as outras (NEGRI, 2005), aqui vista como "a forma de existência política e social dos muitos enquanto muitos" (VIRNO, 2001, p.2). A adoção do conceito de multidão é defendida por Virno (2001) em função da já referida desmaterialização do trabalho trazer à tona alguns fenômenos que se tornam ininteligíveis se analisados de outra forma: os jogos linguísticos, as formas de vida, as tendências éticas, entre outros aspetos associados à produção material no mundo contemporâneo[43]. Multidão é, assim, o termo unitário que Virno (2001, p.38) propõe para designar e relacionar a forma de vida e os jogos linguísticos do mundo contemporâneo.

Como conceito historicamente "derrotado" para o conceito de povo (e sua unidade no Estado), os "muitos" existentes por trás da noção de multidão foram primeiro encarcerados pela filosofia política liberal dentro do binômio "público" x "privado" (no sentido de falta, privação): a multidão era privada da esfera dos assuntos comuns, privada de voz e de presença pública. Já no pensamento socialdemocrata o encarceramento se deu através do binômio "coletivo" x

---

[43] Como lembrará Cocco (2012, p.12-14), "o capitalismo cognitivo diz respeito a uma relação direta entre valor monetário e o valor como significação ética e social mais ampla". Além disso, o conhecimento torna-se o principal fator primário de produção e o principal produto, em um processo circular onde o novo conhecimento deve voltar a gerar suas próprias premissas, inovando e garantindo suas condições de uso e propagação em contextos sempre diferentes.

"individual": o povo é a coletividade, enquanto "a multidão é a sombra da impotência, da desordem inquieta, do indivíduo singular" (VIRNO, 2001, p.3). Indo um pouco além: para a socialdemocracia, a singularidade do indivíduo – que é a própria singularidade da multidão – resultava inefável, inexprimível, indizível. Virno (2001), no entanto, acredita que o encarceramento da noção de multidão nesses binômios não se sustenta mais. Como também acredita não haver mais razão de ser uma leitura do contemporâneo que se faça a partir da inexorável imbricação entre as noções de povo e Estado. Esta não seria mais a unidade perseguida em um mundo de agenciamentos das capacidades cognitivas e comunicacionais de seus atores.

Embora o Uno da multidão não seja mais o Estado, ainda assim aquela noção requer uma unidade. O virtuosismo do trabalho contemporâneo assenta-se fundamentalmente sobre a linguagem, sobre a atividade do falante. Não a fala dos sábios oradores, mas a de qualquer locutor. Além disso, seu virtuosismo é dual: a linguagem é sem obra, pois nenhum objeto é necessária ou regularmente produzido de forma distinta do próprio ato enunciativo em si; e, ao contrário de um músico ou um bailarino, o falante pode atuar sem uma partitura a lhe guiar. Serve-se apenas da potencialidade da língua, da faculdade genérica da linguagem, não de um roteiro pré-fixado. A produção contemporânea é virtuosística por se basear na própria experiência linguística. É sem obra, portanto (ao menos no sentido físico, objetual), é um "sendo". E essa "atividade-sem-obra [que a produção contemporânea engendra] deixa de ser um caso especial e problemático para tornar-se o protótipo do trabalho assalariado em geral" (VIRNO, 2008, p.123), "paradigma de todo e qualquer tipo de produção" (COCCO, 2012, p.19). Um trabalho sem obra, uma obra (redimensionada, pois oriunda de outra poética) sem autor (pois fruto de uma multiplicidade de singularidades em interação).

Quando, porém, o produto torna-se inseparável do ato de produção, como acima sugerido, este se refere inexoravelmente à pessoa que o realiza. Esta sujeição, na contemporaneidade, às pessoas do trabalho produtivo remete-nos ao fato de que a multidão é, acima de tudo, uma multiplicidade de singularidades, "fruto de uma individuação que provém do universal, do genérico, do pré-individual" (VIRNO, 2001, p.27). E pré-individual é o aparato biológico do ser humano, assim como o são a língua (de todos e de ninguém) e a relação de produção dominante (no caso, "a cooperação social como tarefa concertada, conjunto de relações poiéticas (...), o intelecto geral" [VIRNO, 2001, p.28]). Recorrendo a Simondon, Virno (2001) pondera que a individuação nunca é completa, pois que o pré-individual nunca se faz totalmente singularidade. A experiência coletiva é, ao contrário do que possa parecer, o terreno onde surge uma nova individuação: "na participação em um coletivo, o sujeito, longe de renunciar aos seus traços mais peculiares, tem a ocasião de individuar, ao menos em parte, a cota de realidade pré-individual que leva sempre consigo" (VIRNO, 2001, p.29).

Somos, assim, indivíduos-sociais[44] e multidão, o nome dado ao seu conjunto. "Poder-se-ia dizer (...) que as transformações radicais do presente estado de coisas consistem em conferir o maior valor e ressaltar a existência de cada membro singular da espécie" (VIRNO, 2001, p.30). E elas também fazem denotar a centralidade hoje adquirida por essa outra poética baseada na interação dos corpos e da linguagem: não apenas a poética da obra de um autor, mas uma poética – por assim dizer – da ação, das interações, das relações. Uma poética do acontecimental. Inclusive a questionar não apenas o próprio estatuto da obra (objeto), mas também, por decorrência, o da autoria. Afinal, como dirá Walter Benjamin, antecipando em pouco mais de três décadas as discussões de Barthes (2004) e Foucault (1984a) a respeito da morte do autor: "a diferença essencial entre autor e público está prestes a perder seu caráter fundamental. (...) A cada instante, o leitor está pronto a converter-se num escritor" (BENJAMIN, 1994b, p.184). O mesmo se dando em todo lado.

Mas como trazer isto para a discussão sobre o papel hoje (e o futuro) dos museus?

---

[44] Oxímoro proposto por Marx onde "social" traduz-se por pré-individual e "indivíduo", como o processo final da individuação (VIRNO, 2001, p.30).

139

4.3.3 O levante da multidão põe em xeque o museu que conhecemos

Se aceitarmos a proposição de que os museus são (ou sempre se comportaram como se fossem) "espelhos do mundo" (LARA FILHO, 2006); se aceitarmos a ponderação de que as sociedades os criam porque precisam deles para se verem ali refletidas (SCHEINER, 1998), a que imagens estariam tais museus-espelhos hoje relacionados (ou fadados, condenados, obrigados)? O que a contemporaneidade estaria dando-se a refletir?

Com uma rápida olhadela no que vai atualmente pelas ruas ou naquilo que é capturado para dentro do noticiário diário da grande mídia, podemos facilmente perceber que uma energia vibrante paira no ar. Nada a ver, obviamente, com a (pseudo) alegria (induzida) pela recente conquista da Copa das Confederações. Nada a ver, obviamente, com a iminente possibilidade de – finalmente?!? – virarmos a Barcelona dos trópicos (justificativa "perfeita" para qualquer novo "Bota-abaixo" em andamento na cidade).

Antecedendo e perpassando todo o processo de redação deste texto, importantes manifestações passaram a ocorrer sistematicamente ao nosso redor[45]: no caso específico

---

[45] Tomamos como referência o mês de junho de 2013 em diante, quando, às vésperas da Copa das Confederações, e em meio a um aumento de passagens nos transportes públicos, eclode, em todo o país, um sem numero impressionante de manifestações, ocupando as ruas não apenas das capitais, mas também de inúmeras cidades do interior, literalmente de norte a sul e de leste a oeste.

da cidade do Rio de Janeiro, do protesto inicial contra o aumento das passagens do transporte público e do pleito do "passe livre" logo passamos à manifestação contra a truculência da polícia militar, contra o assassinato sistemático de moradores das favelas, contra a falta de diálogo com os professores em greve, contra a crise na saúde pública, contra as remoções arbitrárias (e pelo direito constitucional à moradia), contra a gentrificação da cidade e sua entrega ao grande capital, contra a perda de direitos e a instituição de um estado de exceção... o que passamos a ver nas ruas foi, assim, "a potência e a *virtù* desses corpos indóceis e inúteis, insubmissos e nada comportados, que constitui o princípio de desarticulação das estratégias de poder que se dissimulam sob a questão da tarifa do transporte público nas grandes metrópoles" (CORRÊA, 2013). "Míseros" R$ 0,20 podem ter sido a gota capaz de fazer transbordar o copo. No entanto, o que dali viu-se verter não foi água, mas sim uma multiplicidade de causas, questões, indignações e reivindicações, de todas as crenças e matizes, levadas às ruas (e redes) por uma multiplicidade ainda maior de singularidades a deitar por terra o consenso instaurado em torno de um mito – o da *pax brasilis* (garantida não apenas por regimes discursivos, mas também pela violência dos aparelhos de repressão do Estado) – e a impor o assombro da dúvida espinosista: o que pode um corpo?

A rigor, muita coisa. Primeiro, pelo que pudemos assistir, podemos dizer que é unir-se a outros corpos para uma reapropriação do espaço público (CORRÊA, 2013); mas também, pelo que ponderaram alguns analistas, podemos perceber que é a constituição de uma insubordinação, um êxodo, o "levante da multidão" (COCCO; NEGRI, 2013; PILLATI; NEGRI; COCCO, 2013): "eis o que todo corpo insubmisso (...) que ocupa (...) os espaços públicos coloca em jogo: um devir indomável de nossas formas de viver e de pensar para o mercado. Uma forma (...) de combater o fechamento e as estases que o poder produz nos corpos sujeitados" (CORRÊA, 2013). Uma luta contra a redução, imposta pela modernidade, de corpos indóceis e singularidades múltiplas a identidades domadas e esvaziadas; uma luta contra a alienação de sua potência.

O que assistimos foi a saída às ruas das subjetividades: uma mudança significativa herdeira de maio de 1968, momento que produziu, segundo Lazzarato e Negri (2001, p.33-34), "uma nova 'metafísica' dos poderes e dos sujeitos. Os focos de resistência e de revolta são 'múltiplos'(...). A definição da relação com o poder é subordinada à 'constituição de si' como sujeito social". E isto sem precisar passar pelo trabalho ou pelo político (como "aquilo que nos separa do Estado", segundo a definição de Marx). O que presenciamos é a materialidade daquilo que já foi dito em outras partes deste texto: com o capitalismo cognitivo, intelecto e trabalho fundem-se na ação em um movimento que traz à tona a desintegração da divisão clássica da experiência humana em trabalho (ou poiesis), ação política (ou práxis) e intelecto (ou vida da mente) – base sobre a qual a noção de trabalho imaterial se constrói no mundo contemporâneo – fazendo implodir a disciplina fordista e a lógica da modernidade fabril. E tudo isso com um "agravante" (digamos assim):

> na medida em que, contra o Estado, produz-se a revolta profunda de todos os corpos, esses corpos transformam

sua fenomenologia da revolta em uma **ontologia da liberdade**. Descobrem que a única consistência da liberdade é a **práxis da rebelião** e, ao mesmo tempo, que a única forma de fazer uma rebelião que seja também uma festa de destruição de todos os valores contestados é tomando parte nessa experiência de liberdade. **Sob a práxis está a descoberta revolucionária de todos os corpos indisciplinados: jamais fomos sujeitos!** (...) Rebelando-se contra as disciplinas, todos os corpos poderão, um dia, descobrir-se profundamente anarquistas, questionando a repartição do lícito e do ilícito a partir das ações *borderlines* como a de quebrar vidraças, usar máscaras, incendiar lixo ou pichar palavras de ordem – travar discursivamente, também, esse combate pelo sentido e pelos signos (CORRÊA, 2013, grifos meus).

E como o autor da citação já teve a oportunidade de sublinhar em outra parte de seu texto, não se trata aqui de justificar, estetizar ou romantizar a violência, mas sim enfatizar a significativa e estrutural mudança – práxis da rebelião, ontologia da liberdade etc. – que já estamos assistindo em termos de "imagens a serem refletidas" em nossas instituições-espelhos (os museus aí incluídos). Movimento que passa, inclusive e talvez, pela supressão da necessidade da própria reflexão e pela assunção, em seu lugar – quem sabe? –, de uma poiesis da ação, uma práxis do acontecimental, segundo a qual coisas e sentidos se dariam de forma indissociável: "o acontecimento é inseparavelmente o sentido das frases e o devir do mundo; é o que, do mundo, deixa-se envolver na linguagem e permite que funcione" (ZOURABICHIVILI, 2004, p. 7). Não necessariamente aquilo que foi extraído (descontextualizado) do mundo-da-vida e musealizado (recontextualizado), não necessariamente o representado e o representacional, mas sim a própria "monstruosidade da carne" em toda a sua "monstruação". Aquilo que, ao longo da história, foi domado e capturado para dentro dos museus, hoje à solta novamente nas ruas em toda a sua *dynamis*: a ambivalência (o rompimento com a dicotomia bem x mal), a excedência (sua produção desmedida) e a primazia da resistência sobre o poder (SZANIECKI, 2013a). Um museu-acontecimento: o MAR que estava nas marés do movimento.

Mas voltemos às manifestações que ocorreram no Rio de Janeiro e ao que elas nos ajudam a compreender a contemporaneidade. Olhando para o novo ciclo econômico iniciado a partir da ressignificação criativa da revitalização urbana que vem sendo empreendida nos últimos anos pela Prefeitura do Rio, Szaniecki (2013a) ressalta uma das facetas perversas da relação – que diríamos histórica – entre os museus e a monstruosidade da multidão[46]: a gentrificação da cidade por

---

[46] Consideramos essa relação histórica por vários motivos, o primeiro deles estando relacionado com uma de suas possíveis origens míticas: após Orfeu ter tido seu corpo todo dilacerado pelas Erínias (Fúrias, para os romanos, personificações da vingança), seu filho – Museu – sai pelo mundo em busca das inúmeras partes de seu pai para fazê-las cantar novamente. Por outro lado, o nascimento da forma-museu moderna dá-se, no século XVIII, sob o signo da domesticação da monstruosidade da multidão pelo Leviatã (Estado), de Hobbes, no século anterior, e prosseguiu a seu serviço pelos séculos subsequentes. Além disso, o monstro e a monstruosidade também estiveram presentes – sob a forma do exótico, do estranho, do bizarro,

meio da institucionalização da arte, da cultura e da criatividade, com a consequente domesticação da crítica, através de "museus, feiras, editais e permissões para ocupações criativas de imóveis públicos". Como lembrará Szaniecki (2013a), os novos grandes museus serão, neste processo, frutos da / justificativas para a gentrificação do espaço urbano e sua espetacularização. Em uma dinâmica oposta à dos Pontos de Cultura, experiência mais próxima das práticas de favelas, ocupações, quilombos e aldeias urbanas, com seus ecomuseus e museus comunitários estreitamente relacionados com a valorização de memórias locais e práticas identitárias, com pouca ou mesmo visibilidade alguma por parte da grande mídia e do poder público.

Por trás disso que poderíamos denominar de "efervescência cultural de gabinete" é possível vislumbrarmos uma estratégia de redefinição dos fluxos e dinâmicas da cidade, um apagamento de memórias e afetividades (e sua reconstrução em outros termos), a transformação (quase sempre arbitrária) de lugares em não-lugares e de não-lugares

---

do que sai da norma, do diferente, do assustador, do "outro" etc. – como objetos de museus: desde os itens compilados nos antigos Gabinetes de Curiosidades (antecessores do museu como nós o conhecemos hoje) até aquilo que restou do que muitos consideram uma demonstração contemporânea da monstruosidade humana (a museificação, por exemplo, do que restou de Auschwitz). Seja como for percebe-se, em todos os casos aqui brevemente citados, a caracterização do monstro e da monstruosidade como algo inexoravelmente negativo e a ser temido, domado e controlado conceção diametralmente oposta à ambivalência sugerida por Hardt e Negri (2005).

em lugares (AUGÉ, 1994). O amansamento, enfim, da monstruosidade (excedência produtiva) da multidão, para sua melhor canalização (exploração), ignorando-se o fato que são as cidades as inventoras do *âgon* (disputa, conflito) como base para a cidadania, *ethos* de uma comunidade de homens livres enquanto rivais (o que não quer dizer inimigos), como bem lembram Deleuze e Guattari (2010). Ou – podemos também aqui aventar – que assim o fazem justamente porque bem o sabem que assim o é.

Como reforça Szaniecki (2013a),

> acho que podemos, à luz ou à sombra do monstro que, como já disse, traz as questões da ambivalência que demanda um crivo ético, do excesso que não cabe na economia do mercado e na representação do Estado e da resistência que é política e estética, urge repensar nossas relações com as instituições e representações: do artista com o museu, do professor e pesquisador com a universidade, dos movimentos com os governos, e dos movimentos entre eles. (...) Me parece necessário, mas ainda insuficiente dizer que, diante do vampirismo institucional – do museu ao poder municipal passando pelos monopólios corporativos – é preciso fortalecer todas essas alianças monstruosas que constituem a carne da multidão: reconhecendo e fazendo reconhecer que grande parte de nossas criações são na realidade cocriações; exigindo mistura social e remix cultural como necessários à criatividade no Rio de Janeiro; e até afirmando a potência criativa do conflito: sem conflito não há criatividade. (...) sempre que houver criatividades

sendo sutilmente cooptadas e criatividades sendo expulsas violentamente da cidade, não hesitemos, MONSTRUEMOS!

4.4 Para além dos "lugares de memória": o direito à cidade e aos "lugares comuns"

As manifestações que vêm ocorrendo desde junho de 2013 no Rio de Janeiro, bem como nas demais cidades brasileiras, não vêm engendrando a necessidade de um reperspectivamento do que entendemos por museu apenas por conta da exibição potente, nas ruas, de nossa dimensão multitudinária. Elas forçam este novo olhar também porque trazem à luz a estreita – e quase invariavelmente conflituosa – relação que mantemos com o território. Além disso, servem também para desnudar a perversidade intrínseca ao "modelo Barcelona" perseguido pela prefeitura de nossa cidade, cuja fraude e miséria já foram amplamente explicitadas pela autocrítica de seu próprio idealizador (Jordi Borja) e pelo antropólogo catalão Manuel Delgado (2007, p.239), em cujas palavras teríamos: "la ciudad utópica de los diseñadores estrella y los políticos se levanta ciega ante las misérias que cobjia, surdomuda ante las exclusiones que genera sln: parar."

Dadas as nossas pretensões (e limitações), não se trata aqui de empreendermos um resgate da lógica do capital na produção do espaço urbano (LOJKINE, 1981; CASTELLS, 2000; LEFEBVRE, 2006; TOPALOV, 2006; HARVEY, 2007). No entanto, é importante tê-la em mente para compreendermos que, no que tange os museus, tal relação com o território faz-se ainda mais especial hoje em dia porque muitos deles vêm sendo mobilizados pelo poder público e pela iniciativa privada para além de sua função cultural. Ou, na verdade, e para sermos mais precisos, vêm sendo mobilizados justamente por esta sua função, o que lhes permite funcionar como âncoras de projetos de revitalização urbana e, sobretudo, de gentrificação social de áreas tidas como degradas pelo poder público, preparando-as para todo o tipo de investida do grande capital. Uma estratégia urbanística baseada na mobilização produtiva do território e de suas relações, adotada pelo neoliberalismo desde a década de 1970, e que tem, na edificação do Centro Cultural Georges Pompidou, em Paris, no que tange o papel (renovado) dos museus, o seu "marco fundacional". Uma urbanização ancorada na cultura (ARANTES, 2009) e em uma acumulação por espoliação (HARVEY, 2004), portanto.

No entanto, as transformações no regime de acumulação ocorridas a partir do mesmo período e, em decorrência direta, a assunção de todo o instrumental teórico e conceitual já mencionado neste trabalho, fazem com que cogitemos o desenvolvimento – mesmo que como pura especulação teórica – de outra forma-museu mais adequada à dimensão imaterial e eminentemente acontecimental e circulante (territorial, portanto) da produção contemporânea. Uma forma-museu (ou um museu informe?) que, mesmo que não extinga as demais formas existentes (institucional, comunitária, virtual etc.), as questione e supere, ao servir de "rota de fuga" alternativa às capturas contemporâneas de nossos afetos e potencialidade criativa. Assim, para avançarmos com este exercício especulativo, partiremos da estreita (histórica) relação que os museus mantêm com o território, compreensão necessária para qualquer nova proposição.

Neste sentido, podemos ver, grosso modo, a relação dos museus com o território de duas formas básicas, simplificadoras e generalizantes (com todos os riscos que isto implica, é claro): a primeira delas, óbvia e imediata, reside no fato de que todo museu (pelo menos os do mundo físico) é, em si e sempre, uma relação com um território: um espaço concreto onde habitamos, pelo qual circulamos, no qual vivemos e a partir do qual produzimos. A segunda, já não tão necessariamente óbvia assim, é a de que todo museu também conforma, em si mesmo, ele próprio, um *lócus* imaginário, como se ocupasse uma espécie de sobreterritório simbólico. A primeira seria uma abordagem da questão que poderíamos chamar de "fisicalista", a tangibilizar sua dimensão institucional; a segunda, uma compreensão que chamaríamos de "simbólica", a dar visibilidade a sua presença em nosso imaginário como um "lugar de memória", para nos valermos da expressão de Nora (1993).

Pela dita compreensão "fisicalista" teríamos duas dinâmicas: a) por um lado, o fato que a forma-museu moderna – modelo e estrutura com os quais lidamos ainda hoje – surge no século XVIII como uma instituição materializada em uma edificação, portanto situada concretamente em uma determinada localidade, imbricada em (com) um determinado território. O que, inclusive, não poderia ser diferente visto ser esta a condição necessária para a sua sobrevida, já que baseada em uma lógica eminentemente subtrativa (no caso, a extração, para acumulação e exibição, dos já mencionados objetos-informantes) e disciplinar; b) por outro, temos o fato que, a partir do século XIX, esta forma-museu institucional, materializada em um edifício, inicia um gradual processo de ampliação de sua atuação e passa a incorporar o próprio território circundante (encarado como patrimônio). Isto quando ele já não se constitui a partir da própria musealização do território.

Desta ampliação de sua forma de agir (do edifício para o território, da coleção para o patrimônio, do público para a população) advirá toda uma série de experiências museísticas que culminará nos atuais museus comunitários, territoriais e afins[47] em toda a sua diversidade e complexidade: desde os museus a céu aberto escandinavos – inaugurados ainda na segunda metade do século XIX – e os primeiros projetos franceses de ecomuseus – levados adiante já na década de 1930 – às experiências pós-1960 do museu atelier, dos museus de vizinhança, dos museus de território, museus de percurso, entre outros.

---

[47] Como este não pretende ser um estudo exaustivo das diferenças práticas e conceituais de todas estas experiências ao longo dos tempos, adotaremos aqui a perspetiva de Varine (2012, p.182-183): "Pessoalmente (...) prefiro conservar o termo 'museu' e atribuir-lhe um qualificativo que define sua principal característica: museu comunitário, se ele emana realmente de uma comunidade particular; museu de território, se ele representa a complexidade de um conjunto de comunidades que coexistem em um *pays*; museu de sítio (monumental, industrial, arqueológico) ou ainda centro de interpretação, quando este último termo reflete bem a vontade de traduzir uma paisagem, uma história, um personagem, um fato, um problema".

Para fins puramente esquemáticos e didáticos, todas estas experiências serão aqui chamadas genericamente de "fisicalistas" porque carregam em si, no nosso entender, de alguma forma, esta estreita relação com o território onde ocorrem (ou a partir dos quais se organizam): seja a partir de uma musealização subtrativa (no caso dos museus tradicionais) ou por conta de uma musealização *In: situ* (no caso dos museus comunitários ou territoriais pós-1960); seja porque possuem uma sede física (onde ocorrem suas ações ou de onde partem suas missões externas, aos moldes das centrais de cálculo latourianas já mencionadas em outra seção deste trabalho) ou porque, em não a existindo, ainda assim visam ancorar sua existência (mesmo que nômade) em espaços concretos diversos[48] (ainda que mutáveis). Estes museus estão, neste sentido, sempre estreitamente relacionados a um espaço físico. Simbólico também, obviamente, pois social, porém de uma forma distinta da preconizada pela outra compreensão que aqui será mobilizada.

Por esta, neste exercício meramente especulativo, chamada de "simbólica", nossa relação com os museus é, por outro lado, estreita e indelevelmente marcada pelo advento da noção de "lugares de memória", expressão forjada na virada das

---

[48] Segundo Chagas (2005, p.131): "Quando nos anos 1990, em reunião de trabalho, um dos responsáveis pelo Museu Etnológico de Monte Redondo, em Portugal, afirmou que 'o Museu é a taberna do Rui, quando lá nos reunimos para a tomada de decisões, e também a casa do Joaquim Figueirinha, em Genève, quando lá estamos trabalhando', estava deliberadamente desgeografizando o Museu". No entanto, para o fim a que se propõe este breve ensaio, ainda assim se mantinha a sua relação fisicalista com o território.

151

décadas de 1970 para 1980 pelo historiador francês Pierre Nora (1993). Embora originalmente uma noção negativa, por intermédio dela (embora não exclusivamente, é claro), no entanto, os museus foram dotados de uma aura (digamos assim) segundo a qual, enquanto "lugares de memória", estariam, de certa forma, acima do bem e do mal. Sua edificação seria um inquestionável bem à sociedade. Sua simples presença, um explícito indicativo de civilidade. Seriam "lugares de memória" porque conteriam em seu interior as marcas, as expressões dos acontecimentos (memoráveis) de nossa cidade, comunidade ou país; mas seriam "lugares de memória" também porque expressariam, eles próprios, um marco afetivo na paisagem, uma baliza na vida cotidiana, uma presença (supostamente positiva) em nosso imaginário.

Dada a perversidade dessa dinâmica semântico-simbólica (que só faz reforçar as diretrizes ainda vigentes em muitos museus de não se tocar nos objetos, de não intervir na construção, de não correr ou falar alto em seus salões, de não assumi-los, enfim, como partes da vida cotidiana, inclusive em toda a sua perecibilidade), dinâmica esta forjadora (de modo acrítico) do museu como um suposto território mental perene e aprioristicamente positivo, instância justificadora de sua presença em qualquer política de revitalização urbanística (como criticar a construção de um novo museu, poderiam se perguntar?), faz-se necessária uma releitura crítica da noção (e a sua superação).

4.4.1 O "problema" dos "lugares de memória"

Os "lugares de memória", em Nora (1993), são o fruto de uma constatação: o rápido desaparecimento da memória nacional francesa. Mas são também a expressão de uma perda: a do elo secular que o historiador identificava existir, no passado, entre memória e história. Não à toa decreta: "fala-se tanto de memória porque ela não existe mais" (NORA, 1993, p.7).

Quando de sua formulação, percebia o autor que, ao menos na França, não se vivia mais o passado como parte de uma continuidade retrospetiva; na verdade, relembrava-se dele enquanto uma descontinuidade posta à luz do dia, através de uma memória-arquivo, uma memória-dever, uma memória-distância. Pura representação em uma "era de comemoração". Não a da Nação, dos sujeitos históricos, de certas instâncias-chave de difusão e efetivação (como manuais escolares e praças públicas), mas "uma comemoração remodelada, 'metamorfoseada', nutrida (...) pela multiplicidade de identidades de grupos particulares, que se desdobravam na diversidade de eventos dos mais variados matizes e perfis, sem que houvesse critério ordenador e hierarquizador" (GONÇALVES, 2012, p.27).

No contexto de elaboração da noção, apontava o autor que se vivia um eterno presente, fruto de uma aceleração da história baseada em uma mundialização das relações e no papel exercido, neste processo, pelos meios de comunicação de massa. A história tornava-se mais dinâmica: a duração do fato era a duração da notícia. Vivia-se um poder / dever de mudança e a distância entre o que ele considerava uma "memória verdadeira" e o registro / narração (história) que se faz do passado. E acrescenta: "Se habitássemos ainda nossa memória não teríamos necessidade de lhe consagrar lugares. (...) Cada gesto, até o mais cotidiano, seria vivido como uma repetição religiosa daquilo que sempre se fez, numa identificação carnal do ato e do sentido" (NORA, p.8-9).

Segurar traços e vestígios, neste sentido, funcionaria como uma oposição ao efeito desintegrador da mundialização, da aceleração da história. Para Hartog (2006, p.266), "os 'Lugares de Memória' (...) chegaram ao diagnóstico de uma "patrimonialização" da história da França, senão da França mesma, na medida em que a mudança de um regime de memória a outro nos fazia sair da 'história-memória' para entrar em uma 'história-patrimônio'." Os "lugares de memória" surgem, assim, como encruzilhada de dois movimentos: um histórico (fim de uma tradição de memória) e um historiográfico (reflexão da história sobre si mesma). A expressão do desaparecimento de um capital que se vivia na intimidade da memória e que se passava a viver apenas na reconstituição histórica: "os lugares de memória são, antes de tudo, restos. (...) É a desritualização de nosso mundo que faz aparecer a noção" (NORA, 1993, p.13).

Fruto de uma valorização mais do novo do que do antigo, do jovem do que do velho, do futuro do que do passado. Um mundo no qual museus, arquivos, cemitérios, aniversários etc. tornam-se os marcos testemunhais de uma outra era, marcos de uma ilusão de eternidade: "rituais de uma sociedade sem ritual; sacralizações passageiras numa sociedade que dessacraliza" (NORA, 1993, p.13), frutos de que não se há mais memória espontânea. Para o autor, os "lugares de memória" seriam, assim, como que bastiões, mas somente por conta do fato de que o que eles defendem encontra-se ameaçado de destruição: eles não se transformariam em "lugares de memória" se ainda vivêssemos as lembranças às quais eles estão relacionados, nem se a história deles não se apoderasse para deformá-los. E são, como apontado por Nora (1993), *loci* nos três sentidos: espacial (como no caso de um arquivo), funcional (como no caso de um manual escolar) e simbólico (como no caso de um minuto de silêncio), cujas dimensões interagem entre si.

Os "lugares de memória" são também, portanto, expressão de todo um processo de construção de sentidos, de transmutação simbólica ao redor desses conteúdos, desses marcos (materiais e imateriais) na paisagem (física ou social). São o fruto de uma história que sente necessidade de inventá-los com medo que a memória ali contida se extingua.

Apesar de sua imprecisão – o que, de fato, não pode ser assim qualificado? –, a expressão "lugares de memória" popularizou-se entre um público não acadêmico e foi apropriada pela própria era da comemoração que tentou denunciar.

Hoje, tudo é "lugar de memória", "como se a memória tivesse valor em si mesma e fosse a expressão da verdade pura e do supremo bem; como se o esquecimento fosse mal ou um vírus criminoso que devesse ser combatido" (CHAGAS, 2011, p.12). Como se memória só existisse tangibilizada em algum tipo de suporte (material ou não) ao invés de ser uma relação.

Como se ela não se renovasse permanentemente a cada movimento de invenção do cotidiano (CERTEAU, 2009). Como se não fosse sempre uma atitude ética e política, desconsiderando-se que "há sempre uma conceção de memória social implicada na escolha do que conservar e do que interrogar" (GONDAR, 2005, p.17).

4.4.2 Capitalismo cognitivo: o direito à cidade e aos "lugares comuns"

Encontramo-nos hoje, trinta anos após a formulação da expressão "lugares de memória", no entanto, em um regime de acumulação distinto do que fez a glória da França analisada por Pierre Nora. Um regime de acumulação que "implica a mobilização da subjetividade do trabalhador, de sua capacidade de enfrentar o aleatório, o imprevisível, o evento" (COCCO, 1999, p.270). Uma transformação radical no modo de produção – que passou de material a imaterial – ocorrida concomitantemente àquela formulação (um processo para o qual Pierre Nora não se atentou, muito menos soube vislumbrar sua real significação).

Embora o Uno dessa multidão que vem saindo às ruas sistematicamente nos últimos anos em todo o mundo não seja mais o Estado, ainda assim aquela noção requer uma unidade. E esta unidade é exercida pela "linguagem, o intelecto, as faculdades do gênero humano. O Uno não é mais uma promessa, mas uma premissa" (VIRNO, 2001, p.4). E podemos entender a emergência dessa premissa pela noção marxista de *general intellect*: o intelecto – "a vida da mente" – tornado público e posto em primeiro plano, resultando daí que "a estrutura linguística mais geral e abstrata se faça instrumento para orientar a própria conduta" dos indivíduos.

Tais estruturas gerais tornadas públicas são os chamados "lugares comuns", e nada mais são do que "a forma lógico-linguística que alinhava todos os discursos", ou seja, o "epicentro desse animal linguístico que é o ser humano" (VIRNO, 2001, p. 15). Os "lugares comuns" publicizados na contemporaneidade tornam-se os substitutos recorrentes, por sua vez, da ideia aristotélica de "lugares especiais" (modos de dizer e pensar que somente se desenvolvem junto a um ou outro âmbito da vida associada), ou seja, as chamadas "comunidades substanciais": a agremiação de futebol, a congregação religiosa, a seção do partido etc. Estes "lugares especiais" – ou seriam "lugares de memória"? – dissolveram-se, embora não tenham desaparecido. Apenas não são mais responsáveis por apontar a direção, não fornecem mais "um critério de orientação, uma busca confiável, um conjunto de hábitos específicos, de modos específicos de dizer/pensar" (VIRNO, 2001, p. 14). Por todos os lados, ao contrário, reportamo-nos a uma mesma base de construções lógico-linguísticas (fundamentais ou mesmo gerais), e não mais a códigos ético-comunicativos setoriais. É este caráter exterior, social e coletivo da atividade intelectual que se torna, hoje em dia – e mesmo para Marx, já no século XIX –, "o verdadeiro motor da produção de riqueza" (VIRNO, 2001, p.8-9). Base, inclusive, no nosso entender, para a plena compreensão da dinâmica (sempre viva) do fazer-memória na contemporaneidade.

A dissolução desses "lugares especiais", no entanto, engendra – ou pode engendrar – a adoção de "lugares comuns" não porque alguém assim o decida, mas por conta de um desejo de obter proteção em uma sociedade privada de tais códigos comunitários[49]. A proteção é a paz, o comum, e por dispor desses "lugares comuns" ao qual possa recorrer, a multidão "não converge numa vontade geral (...) [assim como] pode buscar uma esfera pública não estatal. Os muitos, enquanto muitos, têm como base o pedestal da publicidade do intelecto: para o bem e para o mal" (VIRNO, 2001, p.11).

Não pensemos com isso, porém, que a multidão marca – ou marcará – o fim da classe trabalhadora. Virno (2001) ressalta que esta, na verdade, não se reduz a uma simples coincidência com determinados hábitos, usos ou costumes. Significa, na verdade, tão somente o sujeito produtor de mais-valia. Neste sentido, a classe trabalhadora no mundo contemporâneo – o trabalho vivo subordinado – coincide com a própria noção de multidão, com sua cooperação cognitiva e linguística, com a própria produção de memória. Trabalho e intelecto fundem-se na multidão e fazem vir à tona a base sobre a qual esta noção se constrói no mundo contemporâneo: a partir da desintegração da divisão clássica da experiência

---

[49] A dialética temor-proteção é, para Virno (2001), uma das três formas de aproximação da questão da multidão. As outras duas são, de um lado, a relação entre a multidão e a crise da tripartição Trabalho, Política e Pensamento (da qual sintetizaremos, neste ensaio, alguns de seus principais aspectos); e, de outro, a subjetivação da multidão através de três categorias: individuação, tagarelice e curiosidade (que não serão alvos deste texto).

humana em trabalho (ou *poiesis*), ação política (ou *práxis*) e intelecto (ou vida da mente). Uma distinção clara e precisa até a época fordista[50], hoje sem sentido, visto que o trabalho passou a absorver inúmeras características típicas à ação política, com as quais se hibridizou, engendrando um dos traços fisionômicos da multidão contemporânea. Esta subsunção de características da ação política ao processo de trabalho nos remete a outra importante característica da multidão contemporânea, central para a nossa proposição: o seu virtuosismo.

Por virtuosismo Virno (2001, p.15) compreende "a capacidade peculiar de um artista executante" sem, no entanto, restringir a definição de artista: este é tanto o exímio pianista quanto o orador persuasivo; tanto o bailarino brilhante quanto o sacerdote de sermão sugestivo. O que caracteriza a atividade do virtuoso é a execução de algo cuja finalidade encontra-se em si mesma, sem se depositar em um produto acabado ou duradouro (a *performance* do bailarino não deixa atrás de si um objeto palpável distinto da execução propriamente dita). Além disso, é algo que exige a presença do outro, de um público. Seu sentido reside no fato, em si, de ser visto ou escutado. Para o

---

[50] "O trabalho é a troca orgânica com a natureza, produção de novos objetos, processo repetitivo e previsível. O intelecto puro possui uma índole solitária e não-aparente: a meditação do pensador escapa do olhar dos outros; a reflexão teórica silencia o mundo das aparências. Diferentemente do trabalho, a ação política intervém nas relações sociais, não sobre os materiais naturais; tem a ver com o possível e o imprevisto; não preenche de objetos ulteriores o contexto onde opera, mas modifica esse contexto mesmo. (...) Pois bem, essa antiga tripartição, todavia, (...) é precisamente a que entrou em decadência. Dissolveram-se os confins entre a pura atividade intelectual, a ação política e o trabalho" (VIRNO, 2001, p.14).

pensamento aristotélico, a produção de um objeto designa a existência do trabalho ou *poiesis*, enquanto que a ação política ou *práxis* resulta de um ato cujo fim encontra-se em si mesmo. Diante disso, toda ação política era/é virtuosa. Hoje, segundo Virno (2001; 2008) esta distinção não faz mais tanto sentido. "No pós-fordismo, aquele que produz mais-valia, comporta-se – desde um ponto de vista estrutural, certamente – como um pianista, bailarino, etc. e, portanto, como um homem político. (...) No pós-fordismo, o trabalho (...) se assemelha a uma execução virtuosa (sem obra)" (VIRNO, 2001, p.17).

E é esta execução sem obra, virtuosística, que se dá por todo o território, na circulação, na interação das subjetividades, em meio a uma linguagem engendradora dos "lugares comuns" aos quais Virno (2001) se refere, que aqui assumimos como noção mais adequada do que a de "lugares de memória". Principalmente em tempos de manifestação explícita de nossa excedência multitudinária, a demandar, no nosso entender, uma forma-museu não subtrativa, não representacional, afeita ao seu caráter afetivo, acontecimental. Esta forma-museu não pode ser mais uma materialização medrosa (pois diante do risco da perda), a expressão de algo onde não há mais memória vivida (uma falácia, visto que ela sempre há, pois pura relação). Talvez ela nem se materialize, na verdade, uma vez que acontece nos "lugares comuns" e no comum dos lugares – lugares linguísticos, mas também territoriais, físicos, afetivos, produzidos pela interação das subjetividades. Um "lugar", enfim, desses que só existem porque nele há espíritos múltiplos, ali escondidos em silêncio, que podemos evocar, como bem disse Certeau (2009, p.175). Um espaço vivo –

material e/ou simbólico – que se define por ser identitário, relacional e histórico, como bem assinalou Augé (1994). Algo sobre o qual (ou a partir do que) façamos valer nosso direito, não apenas o de (sobre)viver ou de habitar, mas também o de circular visto que é por este gesto, pelo livre ato de caminhar, que nos *apropriamos* do sistema topográfico; que podemos *realizar* espacialmente o lugar; e que implicamos *relações*, ou seja, empreendemos contratos pragmáticos sob a forma de movimentos, como se aquele simples ato (o caminhar) fosse um "espaço de enunciação" (CERTEAU, 2009, p.164). O direito à cidade, portanto, já preconizado por Lefebvre (2008) é, portanto, acima de tudo, um fazer-cidade (e, por extensão, um fazer-memória, em um [re]inventar permanente dos "lugares comuns", em um jogo contínuo e dinâmico entre potência de lembrar e desejo de esquecer). Uma forma de animar (no sentido latino de dotar de alma) o urbano.

Algo, portanto, muito diferente dos institucionalizados "lugares de memória", cuja imagem positivada em nosso imaginário esconde, na verdade, uma falácia: a conformação de um não-lugar.

Assim, para o levante contemporâneo da multidão, dessa multiplicidade de singularidades, uma museologia da excedência, um museu-acontecimento que possa acontecer (e desaparecer, se e quando necessário, sem medo de integralizar a perda) em meio a um "lugar comum".

5 CONSIDERAÇÕES FINAIS

Como apontado no início deste estudo, nossa intenção tornou-se basicamente desenvolver uma série de especulações que subsidiassem, apontassem uma melhor compreensão sobre o papel dos museus no capitalismo contemporâneo (cognitivo), em particular em sua relação com as práticas culturais e as dinâmicas infocomunicacionais que animam o território onde aqueles se encontram instalados e atuam. Para tanto, optamos por centrar nossa atenção na Museologia dita tradicional e em seu modelo de museu (centrado no tripé prédio – coleção – público), visto ser este o mais mobilizado pelos governos e pelo mercado, em todo o mundo, como âncoras de seus projetos de revitalização urbana, gentrificação e reorganização do capital.

Tratou-se, portanto, de uma estratégia metodológica, para um melhor enfrentamento da trama de conceitos, dinâmicas e processos que, desde há algumas décadas, tornaram-se centrais para a plena compreensão do mundo que nos cerca, dentre os quais podemos destacar: metrópole e direito à cidade, práticas artísticas e culturais colaborativas, processos de subjetivação e singularidades, potência e afetividades, trabalho vivo e imaterial, produção biopolítica e gestão do comum, entre vários outros que ganharam vida ou destaque com este outro regime de acumulação (o cognitivo) no qual produzimos o mundo (e nos produzimos a nós mesmos e aos outros) nos dias de hoje.

Com isso, quisemos especular sobre o que poderia existir para além de uma série de noções que, direta ou indiretamente, explícita ou implicitamente, ainda permeiam o campo da Museologia em geral, e a nossa compreensão dos museus, em particular, a saber: a centralidade informacional do objeto de museu (aqui denominado de objeto-informante), a pertinência (persistência) do modelo da "obra aberta", a noção de "lugar de memória", o conceito de representação, o papel dos museus em relação ao consumo, etc. Assim, diante do fato que, no capitalismo cognitivo (comunicacional, relacional, afetivo, corporal), não termos mais indivíduos produzindo objetos para o consumo de outros indivíduos (mercadorias), mas sim conhecimentos produzindo novos conhecimentos, formas de vida produzindo novas formas de vida, uma multiplicidade de sujeitos em interações dinâmicas, monstruando, vimo-nos obrigados a nos questionar: a que forma-museu isto corresponderia? Ou, dito de outra forma: em um mundo relacional, acontecimental, de trabalho sem obra e de obra sem autor, ainda há de haver o museu que conhecemos?

A conclusão provisória a que chegamos é dupla, ambivalente: por um lado, é claro que a forma-museu hegemônica que conhecemos e herdamos da modernidade (institucional) há de persistir. Afinal, a centralidade à qual as dinâmicas do conhecimento foram alçadas na contemporaneidade não implica no pleno desaparecimento dos fluxos da informação; assim como a compreensão adquirida de que a criação é um gesto eminentemente coletivo não implica na absoluta supressão do autor; bem como a hegemonia do trabalho vivo e imaterial não resulta na completa desmaterialização dos objetos. Tais mudanças, no geral, embora reais, não nos impedirão de continuarmos a conviver – ao menos por um bom tempo ainda – com uma espécie de "fantasma da modernidade" a nos fazer precisar de espaços de custódia para as obras já realizadas (e mesmo para aquelas que venhamos a querer preservar para futuras gerações).

O museu-continente, delimitado e delimitador, articulador de itens e fluxos de informação, artificialmente preparado para a produção de sentido a partir de uma interação induzida entre o ser humano, as obras (próprias ou terceirizadas) e suas autorias (individuais ou coletivas), este museu "lugar de memória" não desaparecerá (não por completo, não facilmente). Ao contrário, recrudescerá sempre que o Estado neoliberal e o grande capital o cooptarem para ser indutor de processos de revitalização / ressignificação urbana ao redor do planeta. E mesmo que "frutos de seu tempo", ainda assim serão majoritariamente concebidos como sempre foram: um *lócus* delimitado, um recorte, um continente. Espaço por excelência da poiesis, da obra tangibilizada em algum suporte material, não necessariamente da práxis. Espaço da representação e da transcendência, não da imanência.

Por outro lado, persistir tão somente nesta obviedade de uma arte produtora de obras capturáveis para dentro de acervos e coleções (e reproduzi-la *ad infinitum*), não ir além dela, não atualizar a discussão (e as práticas), é nos condenar a todos – museus, exposições e a própria compreensão que deles temos – a um conservadorismo, tão óbvio quanto estéril. A uma postura, segundo a qual, a crítica feita ao sistema é simples e devidamente absorvida, não gera uma forma outra (uma alternativa), sendo simplesmente incorporada por aquele ao seu *modus operandi*. Uma forma de "reconhecer para esvaziar", como no caso da Mídia Ninja que, extraída das ruas que lhe deram vida (e sentido), transforma-se em representação daquilo que foi imanente para puro consumo cultural: obra de arte na parede de algum museu[51]. Entre essas duas dimensões, as lutas constituintes da multidão atravessam e qualificam a ambivalência.

Se o capitalismo é cognitivo, se o trabalho é relação, se a cultura é seu conteúdo, se as subjetividades são produtivas, se a produção é sem obra e se a obra produzida é sem autoria, o que então vai para os museus? A própria vida vivida? Por que, ao contrário, a vida vivida (enquanto tal) não é, ela própria, museal (sem precisar de um continente para isso, seja ele o ecomuseu, o museu comunitário ou qualquer uma de suas variações)?

Se o que as manifestações vêm nos mostrando desde 2013, em toda a sua plenitude, são, de um lado, a crise da representação e a supressão da mediação (um evento se organiza e se reproduz sem precisar passar por ela) e, de outro lado, a dinâmica do *âgon* e a monstruação (a excedência produtiva) dessa multiplicidade de singularidades (a multidão) em busca de uma "alternativa à altura" para a crise do sistema capitalista, como sugere César Altamira em uma das epígrafes anteriormente citadas, então a forma-museu contemporânea precisa acompanhar este deslocamento (do representacional para o acontecimental) e ultrapassar a centralidade da poética da obra (mesmo que aberta). Isto porque a questão hoje talvez

---

[51] Cf. Folha de São Paulo. <
http://entretempos.blogfolha.uol.com.br/2013 /11/08/midia-ninja-fara-parte-do-acervo-do-mam-sp/ >. Acesso em: 20 fev. 2017.

não diga mais respeito essencialmente (ou tão somente) à garantia da abertura interpretativa da obra produzida (o reconhecimento de sua polissemia intrínseca). Isto já foi demonstrado e defendido por Eco (1991) há quase 60 anos e, desde então, vem sendo incorporado às nossas práticas socioculturais e reflexões teóricas.

Por extensão, não se trata mais somente de se enfatizar o fato de que museus e exposições são, eles também, obras abertas. Isto já ficou claro. Nem se trata mais somente de se crer que, em decorrência direta disso, sejam espaços de criação e criatividade *per se*. Já ficou claro também que eles o são – ou deveriam ser – pelo simples fato que criativos somos todos nós em nosso esforço interpretativo. Trata-se, pelo contrário, de avançarmos com estas proposições para considerarmos também a abertura para além da obra, ou seja, a defesa da própria abertura produtiva (criativa) da práxis, em si: das múltiplas formas de vida produtoras não apenas de outras obras, mas também de outras vidas, como pudemos vislumbrar em Virno (2001) e Cocco (1999, 2012), bem como tudo o que isso implica para os museus na contemporaneidade.

E, ao fazermos isto, irmos para além dos "lugares de memória", em direção aos "lugares comuns", para que possamos instaurar um museu do acontecimental (não apenas do representacional). Um museu (e uma Museologia, por que não?) da musealidade inerente às práticas e dinâmicas urbanas enquanto tais; que reconheçam o que de museal há nas performatividades acontecimentais – pois infocomunicacionais – do mundo-da-vida; lá onde elas ocorrem sem delimitações, sem lógicas / espaços contentores; onde intelecto, *práxis* e *poiesis* são um só.

Afinal, se "a mídia da multidão é uma multidão de mídias", como pondera Cocco (2013b), um museu da multidão, um museu que reflita o que a contemporaneidade dá-se hoje a refletir, não pode ser a captura para dentro de seu espaço de expressões (materiais e imateriais) dessa multidão; só pode ser uma multidão de museus.

Museus-monstro em meio a uma museologia da monstruosidade, uma museologia de nossa excedência criativa (enquanto tal; lá, onde ela acontece).

Inferir que a mudança de paradigma produtivo aponta para uma suposta museologia da monstruosidade e para um novo modelo de museu (um pós-museu, um museu-monstro, um museu do acontecimental, no cruzamento dos "lugares comuns" linguísticos e do comum dos lugares urbanos), que vá para além da forma-museu moderna (institucional), certamente implica em continuarmos com os enfrentamentos aqui apenas iniciados e/ou inferidos, valendo-se, para tanto, de estruturas e procedimentos mais sistematizados.

Neste sentido, um dos desdobramentos possíveis e necessários é a confrontação do que foi aqui inferido com o preconizado pela Museologia Social. Isto porque, se o contraste entre o que foi aqui aventado e as práticas e conceitos preconizados pela Museologia tradicional é razoavelmente óbvio, o mesmo não se dá quando nos referimos ao que é preconizado pela Museologia Social. Sem um "confronto" desta natureza, por exemplo, não será possível verificar se a proposta de uma "museologia da monstruosidade", como aqui aventada, é capaz de ampliar o escopo conceitual da própria Museologia Social (nos mesmos moldes em que a chamada Nova Museologia ampliou, há algumas décadas, o escopo de atuação da própria Museologia tradicional) ou se, na verdade, não passa de uma variação sua. Este certamente seria um desdobramento possível do aqui especulado. Algo que os desdobramentos do ciclo de lutas constituintes que passou da Primavera Árabe para a Espanha e Brasil, via Istambul, nos dirá.

6 REFERÊNCIAS

ALBAGLI, Sarita; MACIEL, Maria Lúcia. Novas condições de circulação e apropriação da informação e do conhecimento: questões no debate contemporâneo. In: ENCONTRO NACIONAL DE PESQUISA EM CIÊNCIA DA INFORMAÇÃO, 10., 2009, João Pessoa. **Anais**... João Pessoa: UFPB, p. 1–13, 2009. Disponível em: < http://repositorio.ibict.br/bitstream/123456789/314/1/ ALBAGLIENANCIB2009.pdf >. Acesso em: 20 fev. 2017.

ALTHUSSER, Louis. **Ideologia e aparelhos ideológicos do Estado.** Lisboa: Editorial Presença; Martins Fontes, [s.d.]. Disponível em: < http://pt.scribd.com/doc/70479761/ALTHUSSER-Louis-Ideologia-e-aparelhos-ideologicos-do-Estado >. Acesso em: 20 fev. 2017.

ANICO, Marta. **Museus e pós-modernidade:** discursos e performances em contextos museológicos locais. Lisboa: Universidade Técnica de Lisboa, 2008.

APPOLINÁRIO, Fábio. **Dicionário de metodologia científica:** um guia para a produção do conhecimento científico. São Paulo: Atlas, 2007.

ARANTES, Antonio Augusto (Org.). **Produzindo o passado:** estratégias de construção do patrimônio cultural. São Paulo: Brasiliense, 1984.

ARANTES, Otília. Uma estratégia fatal: a cultura nas novas gestões urbanas. In: _____. _et al_. **A cidade do pensamento único:** desmanchando consensos. 5.ed. Petrópolis: Vozes, 2009. p.11-74.

ARAÚJO, Carlos Alberto Ávila. A ciência da informação como ciência social. **Revista Ciência da Informação**, Brasília, v.32, n.3, p.21-27, set./dez. 2003. Disponível em: < http://www.scielo.br/pdf/ci/v32n3/19020.pdf > Acesso em: 20 fev. 2017.

ARAÚJO, Eliany Alvarenga. Por uma ciência formativa e indiciária: proposta epistemológica para a ciência da informação. **Encontros Bibli**, Florianópolis, n.esp., 1º sem. 2006. Disponível em: < http://www.periodicos.ufsc.br/index.php/eb/article/vie wFile/324/382 >. Acesso em: 20 fev. 2017.

AUGÉ, Marc. **Não lugares**: introdução a uma antropologia da supermodernidade. 9.ed. Campinas: Papirus, 1994.

AUGÉ, Marc. **Por uma antropologia da mobilidade.** Maceió: EDUPAL; UNESP, 2010.

BARAÇAL, Anaildo. **O objeto da Museologia**: a via conceitual aberta por Zbynek Zbyslav Stránský. Dissertação de mestrado. (Programa de Pós-Graduação de Museologia e Patrimônio) – Universidade Federal do Estado do Rio de Janeiro / Museu de Astronomia e Ciências Afins, Rio de Janeiro, 2008. Disponível em: < http://ppg-pmus.mast.br/dissertacoes/dissertacao_anaildo_baracal.pdf >. Acesso em: 20 fev. 2017.

BARBOSA, Antônio A.; OSSOWICKI, Tomas M. Revitalização do Porto, IPHAN e Morro da Conceição. **Overmundo**, 30 jun. 2009. Disponível em: < http://www.overmundo.com.br/imprime_overblog/revit alizacao-do-porto-iphan-e-morro-da-conceicao >. Acesso em: 20 fev. 2017.

BARBUY, Heloísa. A conformação dos ecomuseus: elementos para compreensão e análise. **Anais do Museu Paulista**, n. *3*, p. 209–236, 1995. Disponível em: < http://www.scielo.br/pdf/anaismp/v3n1/a19v3n1.pdf >. Acesso em: 20 fev. 2017.

BARTHES, Roland. **A morte do autor. O rumor da língua**. São Paulo: Martins Fontes, 2004.

BECKER, Howard Saul. **Falando da sociedade**: ensaios sobre as diferentes maneiras de representar o social. Rio de Janeiro: Zahar, 2009.

BENJAMIN, Walter. O autor como produtor. Conferência pronunciada no Instituto para o Estudo do Fascismo, em 27 de abril de 1934. In: _____. **Magia e técnica, arte e política**: ensaios sobre literatura e história da cultura. 7.ed. São Paulo: Brasiliense, 1994a. p. 120-136. Obras escolhidas, v.1.

_____. A obra de arte na era de sua reprodutibilidade técnica. In: _____. **Magia e técnica, arte e política**: ensaios sobre literatura e história da cultura. 7.ed. São Paulo: Brasiliense, 1994b. p. 165–196. Obras escolhidas, v.1.

BERARDI, Franco (Bifo). **A fábrica da infelicidade**: trabalho cognitivo e crise da *new economy*. Rio de Janeiro: DP&A, 2005.

BOLLIER, David. **El redescubrimiento del procomún**. p. 1–5, 2003. Disponível em: < http://biblioweb.sindominio.net/telematica/bollier.html >. Acesso em: 20 fev. 2017.

BOLTANSKI, Luc; CHIAPELLO, Ève. **O novo espírito do capitalismo**. São Paulo: Martins Fontes, 2009.

BORJA-VILLEL, Manuel. O Reina Sofia é como uma cidade. Entrevista concedida a Sandra Vieira Jürgens. **A&L Artes e Leilões**, n.26, p.10-15, mai./jun. 2010a. Disponível em: < http://sandraviirajurgens.wordpress.com/category/entr evistas/al/ >. Acesso em: 20 fev. 2017.

_____. Hacia um museo de lo común. **Público.es**, 24 nov. de 2010b. Disponível em: < http://www.publico.es/culturas/348229/hacia-un-museo-de-lo-comun >. Acesso em: 20 fev. 2017.

BOURDIEU, Pierre. **A produção da crença**: contribuição para uma economia dos bens simbólicos. Porto Alegre: Zouk, 2006.

CALLON, Michel. Is science a public good? **Science, Technology, & Human Values**, v.19, no. 4, p. 395-424, Autumn 1994.

CAMPOS, Haroldo de. A obra de arte aberta. In: CAMPOS, Augusto de; PIGNATARI, Décio; CAMPOS, Haroldo de. **Teoria da Poesia Concreta**: textos críticos e manifestos 1950-1960. 2.ed. São Paulo: Livraria Duas Cidades, 1975. p. 30-33.

CAPURRO, Rafael. Epistemologia e Ciência da Informação. In: ENCONTRO NACIONAL DE PESQUISA EM CIÊNCIA DA INFORMAÇÃO, 5., 2003, Belo Horizonte. Disponível em: < http://www.capurro.de/enancib_p.htm >. Acesso em: 20 fev. 2017.

CAPURRO, Rafael; HJORLAND, Birger. The concept of information. **ARIST**, v.37, p. 343-411, 2003.

CARMONA, Pablo; HERREROS, Tomás; CEDILLO, Raúl Sánchez; SGUIGLIA, Nicolás Sguiglia. Centros sociales: monstruos y máquinas políticas para una nueva generación de instituciones de movimiento. **Transversal**, EIPCP - Instituto Europeo para Políticas Culturales Progressivas, p. 1–8, 2008. Disponível em: < http://eipcp.net/transversal/0508/carmonaetal/es >. Acesso em: 20 fev. 2017.

CARVALHO, Luciana; SCHEINER, Tereza. Em busca do conhecimento do fenômeno-signo museu: as estratégias comunicacionais do Museu e da Museologia na realidade latino-americana. **ICOFOM-LAM,** 2009. Disponível em: < http://icofom-lam.org/files/luciana_menezes.pdf >. Acesso em: 20 fev. 2017.

CARVALHO, Luciana; SCHEINER, Tereza; MIRANDA, Marcos. Em direção à museologia latino-americana: o papel do ICOFOM LAM no fortalecimento da Museologia como campo disciplinar. In: ENCONTRO NACIONAL DE PESQUISA EM CIÊNCIA DA INFORMAÇÃO, 8., 2007, Salvador. **Anais...** Salvador: ANCIB, p. 1–13, 2007. Disponível em: < http://www.enancib.ppgci.ufba.br/artigos/DMP--303.pdf >. Acesso em: 20 fev. 2017.

CASTELLS, Manuel. **A questão urbana**. Rio de Janeiro: Paz e Terra, 2000.

CERÁVOLO, Suely. Delineamentos para uma teoria da Museologia. **Anais do Museu Paulista**, v.12, n.12, p. 237–268, 2004. Disponível em: < http://www.scielo.br/pdf/anaismp/v12n1/19.pdf >. Acesso em: 20 fev. 2017.

CERTEAU, Michel de. **A invenção do cotidiano**: 1. artes de fazer. 16.ed. Petrópolis: Vozes, 2009.

_____. **A cultura no plural**. 5.ed. Campinas: Papirus, 2008.

CHAGAS, Mario. Museus, memórias e movimentos sociais. In: **Cadernos de Sociomuseologia**, Lisboa, n.41, p.5-16, 2011. Disponível em: < http://revistas.ulusofona.pt/index.php/cadernosociomus eologia/article/view/2654/2023 >. Acesso em: 20 fev. 2017.

CHOAY, Françoise. **A alegoria do patrimônio**. São Paulo: Estação Liberdade, Editora UNESP, 2001.

COCCO, Giuseppe. Mobilização reflete nova composição técnica do trabalho imaterial das metrópoles. Entrevista especial. In: **IHU On-Line**, 25 jun. 2013a. Disponível em: < http://www.ihu.unisinos.br/entrevistas/521331-mobilizacao-reflete-nova-composicao-tecnica-do-trabalho-imaterial-das-metropoles-entrevista-especial-com-giuseppe-cocco >. Acesso em: 20 fev. 2017.

_____. "A mídia da multidão é uma multidão de mídias". Entrevista. **Canal Ibase**, 2 ago. 2013b. Disponível em: < http://www.canalibase.org.br/a-midia-da-multidao-e-uma-multidao-de-midias/ >. Acesso em: 20 fev. 2017.

_____. Trabalho sem obra, obra sem autor. In: BELISÁRIO, Adriano; TARIN, Bruno. **Copyfight**: pirataria & cultura livre. Rio de Janeiro: Azougue Editorial, 2012.

_____. O complexo do Alemão e as mudanças na relação entre capitalismo mafioso e capitalismo "cognitivo". **IHU On-Line**, 10 mar. 2011. Disponível em: < http://www.ihu.unisinos.br/entrevistas/40363-ocomplexo-do-alemao-e-as-mudancas-na-relacao-entre-capitalismo-mafioso-e-capitalismo-cognitivo-entrevista-especial-com-giuseppe-cocco >. Acesso em: 20 fev. 2017.

_____. A mobilização democrática das metrópoles: entre brasilianização do mundo e devir-cidade das favelas! In: KLINK, Jeroen (Org.). **Governança das metrópoles**: conceitos, experiências e perspetivas. São Paulo: Annablume, 2010. p.49-74.

_____. **MundoBraz**: o devir-mundo do Brasil e o devir-Brasil do mundo. Rio de Janeiro: Record, 2009.

_____. Mobilizar os territórios produtivos: para além do capital social, a constituição do comum. In: SILVA, Gerardo; COCCO, Giuseppe (Org.). **Territórios produtivos**: oportunidades e desafios para o desenvolvimento local. Rio de Janeiro: DP&A; Brasília: Sebrae, 2006. p. 171-200.

_____. Introdução. In: LAZZARATO, Maurizio; NEGRI, Antonio (Org.). **Trabalho imaterial**: formas de vida e produção de subjetividade. Rio de Janeiro: DP&A, 2001. p. 7-23.

_____. A cidade policêntrica e o trabalho da multidão. **Lugar Comum** (UFRJ), Rio de Janeiro, v. 1, n. 9-10, p. 61-90, 2000. Disponível em: < http://uninomade.net/wp-content/files_mf/111412121147A%20cidade%20polic%C3%AAntrica%20e%20o%20trabalho%20da%20multid%C3%A3o%20-%20Giuseppe%20Cocco.pdf >. Acesso em: 20 fev. 2017.

_____. A nova qualidade do trabalho na Era da Informação. In: LASTRES, Helena Maria Martins; ALBAGLI, Sarita

(Org.). **Informação e globalização na era do conhecimento**. Rio de Janeiro: Campus, 1999. p.262-289.

COCCO, Giuseppe; NEGRI, Antonio. Do bolsa família ao levante da multidão. **Revista Global**, 17 jun. 2013. Disponível em: < http://www.revistaglobalbrasil.com.br/?p=1534 >. Acesso em: 20 fev. 2017.

COCCO, Giuseppe; SILVA, Gerardo; GALVÃO, Alexander Patez. Introdução: conhecimento, inovação e redes de redes. In: _____ (Org.). **Capitalismo cognitivo**: trabalho, rede e inovação. Rio de Janeiro: DP&A, 2003. p. 7-14.

CORRÊA, Murilo Duarte Costa. Indóceis e inúteis: o que podem os corpos? **A navalha de Dali**, 15 jun. 2013. Disponível em: < http://murilocorrea.blogspot.com.br/2013/06/indoceis-e-inuteis-o-que-podem-os-corpos.html >. Acesso em: 20 fev. 2017.

CORSANI, Antonella. Elementos de uma rutura: a hipótese do capitalismo cognitivo. In: GALVÃO, Alexander Patez; SILVA, Gerardo; COCCO, Giuseppe (Org.). **Capitalismo cognitivo**: trabalho, rede e inovação. Rio de Janeiro: DP&A, 2003. p.15-32.

CUNHA, Manuela Carneiro da. **Cultura com aspas e outros ensaios**. São Paulo: Cosac Naify, 2009.

CURY, Marília Xavier. **Exposição – conceção, montagem e avaliação**. São Paulo: Annablume, 2005.

DEBORD, Guy. **A sociedade do espetáculo**. Rio de Janeiro: Contraponto, 1997.

DELEUZE, Gilles. **Conversações**. 2.ed. São Paulo: Ed. 34, 2010.

_____. **Foucault**. São Paulo: Brasiliense, 2005

_____. **Espinosa**: filosofia prática. São Paulo: Escuta, 2002.

DELEUZE, Gilles; GUATTARI, Félix. **O que é a filosofia?** São Paulo: Editora 34, 2010.

_____. **Mil platôs**: capitalismo e esquizofrenia. Rio de Janeiro: Editora 34, 1997. v.5.

DELGADO, Manuel. **La ciudad mentirosa**: fraude y miseria del 'Modelo Barcelona'. Madrid: Catarata, 2007.

DESVALLÉES, André.; MAIRESSE, François (Ed.). **Conceitos-chave de museología**. Paris: Armand Colin; UNESCO, 2013. Disponível em: < http://icom.museum/fileadmin/user_upload/pdf/Key_C oncepts_of_Museology/Conceitos-ChavedeMuseologia_pt.pdf >. Acesso em: 20 fev. 2017.

DIAS, Rosa. **Nietzsche, vida como obra de arte**. Rio de Janeiro: Civilização Brasileira, 2011.

DOMINGUES, José Maurício. **Teorias sociológicas no século XX**. 3.ed. Rio de Janeiro: Civilização Brasileira, 2008.

ECO, Umberto. **Obra aberta**. 8.ed. São Paulo: Perspectiva, 1991.

ESTALELLA, Adolfo; ROCHA, Jara; LAFUENTE, Antonio. Laboratorios de procomún: experimentación, recursividad y activismo. **Teknokultura**, v. 10, n. 1, p. 21–48, 2013. Disponível em: < http://teknokultura.net/index.php/tk/article/view/121 >. Acesso em: 20 fev. 2017.

FARHI NETO, Leon. **Biopolítica em Foucault**. Dissertação de mestrado. (Programa de Pós-graduação em Filosofia). UFSC, Florianópolis, 2007.

_____. Disciplina ou espetáculo? Uma resposta pela biopolítica. **Revista Aulas**, Dossiê Foucault, n.3, dez. 2006/mar. 2007. Disponível em: < http://pt.scribd.com/doc/174822251/Disciplina-ou-espetaculo >. Acesso em: 20 fev. 2017.

FOUCAULT, Michel. **Segurança, território, população**. Curso dado no Collège de France (1977-1978). São Paulo: Martins Fontes, 2008.

_____. **História da sexualidade**: 1. A vontade de saber. 13.ed. Rio de Janeiro: Graal, 1999.

_____. **A microfísica do poder**. Rio de Janeiro: Graal, 1993.

_____. O que é um autor? In: DITOS e Escritos: Estética - literatura e pintura, música e cinema. Rio de Janeiro: Forense Universitária, 1984a. v.3, p. 264–298.

_____. Uma estética da existência. Une esthétique de l'existence (entretien avec A. Fontana), *Le Monde*, 15-16 juillet 1984b, p. XI. Tradução de Wanderson Flor do Nascimento. **Espaço Michel Foucault**. Disponível em: < http://michel-foucault.weebly.com/uploads/1/3/2/1/13213792/estetica.pdf > Acesso em: 20 fev. 2017.

GALVÃO, Alexander Patez; SILVA, Gerardo; COCCO, Giuseppe (Org.). **Capitalismo cognitivo**: trabalho, rede e inovação. Rio de Janeiro: DP&A, 2003.

GINZBURG, Carlo. **Mitos, emblemas, sinais**: morfologia e história. 2.ed. São Paulo: Cia. das Letras, 1989.

GLEIZER, Marcos André. **Espinosa & a afetividade humana**. Rio de Janeiro: Jorge Zahar, 2005. Col. Passo-a-passo, 53.

GONÇALVES, Janice. Pierre Nora e o tempo presente: entre a memória e o patrimônio cultural. **Historiæ**, Rio Grande, v.3, n.3, p. 27-46, 2012. Disponível em: < http://www.seer.furg.br/hist/article/view/3260/1937 >. Acesso em: 20 fev. 2017.

GONÇALVES, José Reginaldo. Autenticidade, memória e identidades nacionais: o problema dos patrimônios culturais. **Estudos históricos**, Rio de Janeiro, v.1, n.2, p.264-275, 1988.

GONDAR, Jô. Quatro proposições sobre memória social. In: GONDAR, Jô; DODEBEI, Vera (Org.). **O que é memória social?** Rio de Janeiro: Contra Capa, 2005.

GONDAR, Jô. Lembrar e esquecer: desejo e memória. In: COSTA, Icléia Thiessen Magalhães e GONDAR, Jô (Org.) **Memória e espaço**. Rio de Janeiro: 7 Letras, 2000.

GONZÁLEZ DE GÓMEZ, Maria Nélida. A reinvenção contemporânea da informação: entre o material e o imaterial. **Tendências da Pesquisa Brasileira em Ciência da Informação**, Brasília, v.2, n.1, p.115-134, jan./dez. 2009. Disponível em: < http://inseer.ibict.br/ancib/index.php/tpbci/article/view Article/19 >. Acesso em: 20 fev. 2017.

_____. A museologia como categoria do pensamento. Conferência. **ICOFOM LAM**, 5 a 7 mar. 2008.

_____. Metodologia da pesquisa no campo da Ciência da Informação. **Datagramazero**: Revista de Ciência da Informação, v.1, n. 6, dez. 2000. Disponível em: < http://www.dgz.org.br/dez00/Art_03.htm > Acesso em: 20 fev. 2017.

_____. A representação do conhecimento e o conhecimento da representação: algumas questões epistemológicas, **Revista da Ciência da Informação**, Brasília, v.22, n.3, p.217-222, set./dez. 1993.

_____. O papel do conhecimento e das informações nas formações políticas ocidentais. **Revista Ciência da Informação**, Brasília, v.16, n.2, p.157-167, jul./dez. 1987. Disponível em: < http://revista.ibict.br/ciinf/index.php/ciinf/article/view/ 1472 > Acesso em: 20 fev. 2017.

GORZ, André. **O imaterial**: conhecimento, valor e capital. São Paulo: Annablume, 2005.

GROS, Frédéric (Org.). **Foucault**: a coragem da verdade. São Paulo, Parábola Editorial, 2004. (Episteme; 1).

GUIMARAENS, Francisco de. Spinoza e o conceito de multidão: reflexões acerca do sujeito constituinte. **Direito, Estado e Sociedade**, v.9, n.29, p.152-173, jul./dez.2006.

GURGEL, Clarisse; MENDES, Alexandre. Negri leitor de Marx: trabalho imaterial e multidão. **Liinc em Revista**, v.6, n.1, p.22-38, 2010. Disponível em: < http://revista.ibict.br/liinc/index.php/liinc/article/viewFil e/332/225 >. Acesso em: 20 fev. 2017.

HARDT, Michael. A sociedade mundial de controle. In: ALLIEZ, Eric (Org.). **Gilles Deleuze**: uma vida filosófica. São Paulo: Ed. 34, 2000. p.357-372.

HARDT, Michael; NEGRI, Antonio. **Império**. 9.ed. Rio de Janeiro: Record, 2010.

_____. **Commonwealth**. Traducción: Daniel Clavero. Cambridge, Massachusetts: The Belknap Press of Harvard

University Press, 2009. Disponível em: <
http://pt.scribd.com/doc/121921048/Negri-y-Hardt-
Commonwealth-Espanol >. Acesso em: 20 fev. 2017.

_____. **Multidão**: guerra e democracia na era do Império. Rio
de Janeiro: Record, 2005.

HARTOG, François. Tempo e patrimônio. **Varia Historia**, Belo
Horizonte, v.22, n.36, p.261-273, jul./dez. 2006.
Disponível em: <
http://www.scielo.br/pdf/vh/v22n36/v22n36a02.pdf >.
Acesso em: 20 fev. 2017.

HARVEY, David. **Condição pós-moderna**. 16.ed. São Paulo:
Edições Loyola, 2007.

_____. O "novo" imperialismo: acumulação por espoliação.
Socialist Register – Brasil, v. 40, p. 95–126, 2004.
Disponível em: <
http://biblioteca.clacso.edu.ar//ar/libros/social/2004pt/
05_harvey.pdf >. Acesso em: 20 fev. 2017.

_____. Do gerenciamento ao empresariamento: a
transformação da administração urbana no capitalismo
tardio. **Espaço & Debates**, São Paulo, n.39, p.48-64,
1996. Disponível em: <
http://dl.dropbox.com/u/7835523/harvey_empresariam
ento-urbano.pdf >. Acesso em: 20 fev. 2017.

HESS, Charlotte. **Mapping the new commons**. In: Biennial
Conference of the International Association for the Study
of the Commons, 12., 2008, Cheltenham. England, July
14-18, 2008. Disponível em: <
http://dlc.dlib.indiana.edu/dlc/bitstream/handle/10535/

304/Mapping_the_NewCommons.pdf?sequence=1 >.
Acesso em: 20 fev. 2017.

HOBBES, Thomas. **Leviatã ou matéria, forma e poder de um estado eclesiástico e civil**. 2.ed. São Paulo: Abril Cultural, 1979.

JULIÃO, Leticia. Apontamentos sobre a História do Museu. **Caderno de Diretrizes Museológicas 1**, Belo Horizonte: Secretaria de Estado de Cultura, p. 19–32, 2000. Disponível em: < http://www.cultura.mg.gov.br/arquivos/Museus/File/ca derno-diretrizes/cadernodiretrizes_segundaparte.pdf >. Acesso em: 20 fev. 2017.

LAFUENTE, Antonio. Los cuatro entornos del procomún. **Archipélago. Cuadernos de Crítica de la Cultura**, n. 77-78, p. 1–9, 2007. Disponível em: < http://digital.csic.es/handle/10261/2746 >. Acesso em: 20 fev. 2017.

LAFUENTE, Antonio; JIMÉNEZ, Alberto Corsín. Comunidades de afectados, procomún y don expandido. **Fractal**, n. 57, p. 17–42, 2010. Disponível em: < http://digital.csic.es/handle/10261/29806 >. Acesso em: 20 fev. 2017.

LARANJA, Cristina. A arte de provocar ruínas: especulações na Zona Portuária. **Revista Global Brasil**, 02 ago. 2011. Disponível em: < http://www.revistaglobalbrasil.com.br/?p=697 >. Acesso em: 20 fev. 2017.

LATOUR, Bruno. **Ciência em ação**: como seguir cientistas e engenheiros sociedade afora. São Paulo: Editora UNESP, 2000.

_____. **Jamais fomos modernos**. Ensaio de antropologia simétrica. Rio de Janeiro: Ed. 34, 1994.

LAUREANO, Pedro Sobrino. **Capitalismo e produção de subjetividade no mundo contemporâneo**: uma leitura crítica. Dissertação de mestrado. (Programa de Pós-graduação em Psicologia Clínica). PUC, Rio de Janeiro, 2011.

LAZZARATO, Maurizio. **Revoluções do capitalismo**. Rio de Janeiro: Civilização Brasileira, 2006. (Col. A política no Império).

_____. Política da multiplicidade. In: LINS, Daniel; PELBART, Peter Pál (Org.). **Nietzsche e Deleuze** – bárbaros civilizados. São Paulo: Annablume, 2004. p.147-157.

LAZZARATO, Maurizio; NEGRI, Antonio. Trabalho imaterial e subjetividade. In: _____ (Org.). **Trabalho imaterial**: formas de vida e produção de subjetividade. Rio de Janeiro: DP&A, 2001. p. 25-41.

LEFEBVRE, Henri. **O direito à cidade**. 5.ed. São Paulo: Centauro, 2008.

_____. **A produção do espaço**. Versão eletrônica traduzida por Doralice Barros Pereira e Sérgio Martins. [s.l.: s.n.] 2006. Disponível em: < http://www.mom.arq.ufmg.br/mom/arq_interface/1a_a ula/A_producao_do_espaco.pdf >. Acesso em: 20 fev. 2017.

_____. **A revolução urbana**. Belo Horizonte: EDUFMG, 1999.

LÉVI-STRAUSS, Claude. **O pensamento selvagem.** 11.ed. Campinas: Papirus, 1989.

_____. **Raça e história.** São Paulo: Abril Cultural, 1980a. (Os Pensadores)

_____. **Totemismo hoje.** São Paulo: Abril Cultural, 1980b. (Os Pensadores)

LIMA, Diana Farjalla Correia. Museologia e patrimônio interdisciplinar do campo: história de um desenho (inter)ativo. In: ENCONTRO NACIONAL DE PESQUISA EM CIÊNCIA DA INFORMAÇÃO, 8., 2007, Salvador. **Anais...** Salvador: ANCIB, p. 1-16, 2007.

LOJKINE, Jean. **O estado capitalista e a questão urbana.** São Paulo: Martins Fontes, 1981.

LOUREIRO, Maria Lucia de Niemeyer Matheus; SILVA, Douglas Falcão. A exposição como "obra aberta": breves reflexões sobre interatividade. In: REUNIÓN DE LA RED POP, 10., San José, Costa Rica, 9 a 11 mai. 2007. Disponível em: < http://www.cientec.or.cr/pop/2007/BR-MariaLuciaLoureiro.pdf >. Acesso em: 20 fev. 2017.

MACIEL, Maria Lúcia; ALBAGLI, Sarita (Org.) **Informação, conhecimento e poder**: mudança tecnológica e inovação social. Rio de Janeiro: Garamond, 2011.

_____. (Org.) **Informação e desenvolvimento**: conhecimento, inovação e apropriação social. Brasília: IBICT, UNESCO, 2007.

MARAZZI, Christian. **O lugar das meias.** Rio de Janeiro: Civilização Brasileira, 2009.

MAROEVIC, Ivo. **Introduction to museology:** the European approach. [S.l: s.n.], 1998.

_____. Museologia como parte das Ciencias da Informação. In: SCHEINER, Tereza (Ed.), **Apostila Museologia 01**. Rio de Janeiro: UNIRIO. 1983. p. 89–90.

_____. O papel da musealidade na preservação da memória. In: SCHEINER, Tereza (Ed.). **Apostila Museologia 01**. Rio de Janeiro: UNIRIO. 1997. p. 111–116.

MARX, Karl. **Manuscritos econômicos-filosóficos.** São Paulo: Boitempo Editorial, 2008. Disponível em: < http://efchagasufc.files.wordpress.com/2012/04/2-manuscritos-econc3b4mico-filosc3b3ficos.pdf >. Acesso em: 20 fev. 2017.

MAURÍCIO, Ana Fabíola. Entrevista a Andreas Huyssen. **Comunicação e Cultura**, n.7, p.141-151, 2009. Disponível em: < http://cc.bond.com.pt/wp-content/uploads/2010/07/07_08_Entrevista_Andreas_Huyssen.pdf >. Acesso em: 20 fev. 2017.

MAZETTI, Henrique Moreira. Entre o afetivo e o ideológico: as intervenções urbanas como políticas pós-modernas. **Revista ECO-Pós**, Rio de Janeiro, v.9, n.2, p.123-138, ago./dez. 2006. Disponível em: < http://www.pos.eco.ufrj.br/ojs-2.2.2/index.php/revista/article/viewFile/57/31 >. Acesso em: 20 fev. 2017.

MENSCH, Peter Van. **O objeto de estudo da museologia.** Rio de Janeiro: UNIRIO; UGF, 1994.

MULLER, Suzana Pinheiro Machado(Org.). **Métodos para a pesquisa em Ciência da Informação**. Brasília: Thesaurus, 2007.

NAVARRO, Óscar. Ética, museos e inclusión: un enfoque crítico. **Museo y Territorio**, v.4, p. 49–59, 2011. Disponível em: < http://www.museoyterritorio.com/pdf/museoyterritorio 04-5.pdf >. Acesso em: 20 fev. 2017.

NEGRI, Antonio. O direito do comum. **[...a coisa toda]**, 2011. Disponível em: < http://sergiorauber.wordpress.com/2011/10/16/o-direito-do-comum-o-que-existe-na-fronteira-entre-o-publico-e-o-privado/ >. Acesso em: 20 fev. 2017.

_____. A constituição do comum. In: SEMINÁRIO INTERNACIONAL CAPITALISMO COGNITIVO – Economia do Conhecimento e a Constituição do Comum, 2., 2005. Disponível em: < http://fabiomalini.wordpress.com/2007/03/25/a-constituicao-do-comum-por-antonio-negri/ >. Acesso em: 20 fev. 2017.

_____. **5 lições sobre Império**. Rio de Janeiro: DP&A, 2003.

_____. **A anomalia selvagem**: poder e potência em Spinoza. São Paulo: Ed.34, 1993.

_____. Para uma definição ontológica da multidão. **Lugar Comum**, n. 19-20, p. 15–26, [S.d.]. Disponível em: < http://uninomade.net/wp-content/files_mf/113003120823Para%20uma%20defini %C3%A7%C3%A3o%20ontol%C3%B3gica%20da%20multi d%C3%A3o%20-%20Antonio%20Negri.pdf >. Acesso em: 20 fev. 2017.

NEGRI, Antonio; HARDT, Michael. **O trabalho de Dionísio**: para a crítica ao Estado pós-moderno. Juiz de Fora: Editora da UFJF; Rio de Janeiro: Pazulin, 2004.

NORA, Pierre. Entre memória e história: a problemática dos lugares. **Projeto história**, São Paulo, n.10, dez. 1993.

ONFRAY, Michel. **A potência de existir**. São Paulo: Martins Fontes, 2010.

PACHECO, Annelise; COCCO, Giuseppe; VAZ, Paulo. **O trabalho da multidão**: império e resistência. Rio de Janeiro: Gryphus; Museu da República, 2002.

PARRET, Herman. **A estética da comunicação**: além da pragmática. Campinas: Editora da UNICAMP, 1997.

PAYER, Maria Onice. Discurso, memória e oralidade. In: **Horizontes**, v.23, n.1, p.47-56, jun. 2005. Disponível em: < http://webp.usf.edu.br/edusf/publicacoes/RevistaHorizo ntes/Volume_03/uploadAddress/horizontes-6[6255].pdf >. Acesso em: 20 fev. 2017.

PELBART, Peter Pál. Elementos para uma cartografia da grupalidade. **Próximo ato**: encontro internacional de teatro contemporâneo, Itaú Cultural, São Paulo, 2006. Disponível em: < http://www.itaucultural.org.br/proximoato/pdf/textos/t extopeterpelbart.pdf >. Acesso em: 20 fev. 2017.

_____. Exclusão e biopotência no coração do Império. In: SEMINÁRIO ESTUDOS TERRITORIAIS DE DESIGUALDADES SOCIAIS, 2001. Disponível em: < http://www.cedest.info/Peter.pdf >. Acesso em: 20 fev. 2017.

_____. **A vertigem por um fio**: políticas da subjetividade contemporânea. São Paulo: Iluminuras, 2000.

PILLATI, Adriano; NEGRI, Antonio; COCCO, Giuseppe. Levante da multidão. **Uninômade Brasil**, 28 jun. 2013. Disponível em: < http://uninomade.net/tenda/levante-da-multidao/ >. Acesso em: 20 fev. 2017.

PINHEIRO, Lena Vania Ribeiro. Pilares conceituais para mapeamento do território epistemológico da ciência da informação: disciplinaridade, interdisciplinaridade, transdisciplinaridade e aplicações. In: PINTO, Virgínia Bentes; CAVALCANTE, Lídia Eugênia; SILVA NETO, Casemiro(Org.). **Abordagens Transdisciplinares da Ciência da Informação**: gêneses e aplicações. Fortaleza: Edições UFC, 2007. p. 71-104.

_____. Gênese da Ciência da Informação ou sinais anunciadores da nova área. In: **O campo da Ciência da Informação: gênese, conexões e especificidades**. João Pessoa: UFPB, 2002. p.61-86. Disponível em: < http://ridi.ibict.br/bitstream/123456789/17/1/LenaGene seUFPB-2.pdf >. Acesso em: 20 fev. 2017.

PINHEIRO, Lena Vania Ribeiro; LOUREIRO, José Mauro Matheus. Traçados e limites da Ciência da Informação. **Revista Ciência da Informação**, Brasília, v.24, n.1, p.42-53, jan./jul.1995. Disponível em: < http://revista.ibict.br/ciinf/index.php/ciinf/article/viewFi le/531/483 >. Acesso em: 20 fev. 2017.

PINTO, Virgínia Bentes; CAVALCANTE, Lídia Eugenia; SILVA NETO, Casemiro (Org.). **Ciência da informação**:

abordagens transdisciplinares, gêneses e aplicações.
Fortaleza: UFC, 2007.

PIRES, Vladimir Sibylla. Museus no capitalismo cognitivo: para
além do consumo cultural? **dObras**, v.6, n.13, p.80-85,
maio de 2013.

_____. **Estratégias empresariais, dinâmicas informacionais e
identidade de marca na indústria da moda**. Dissertação
de mestrado. (Programa de Pós-graduação em Ciência da
Informação). IBICT/UFF, Rio de Janeiro, 2009.

RANCIÈRE, Jacques. **O espectador emancipado**. Lisboa: Orfeu
Negro, 2010.

_____. **A partilha do sensível**: estética e política. São Paulo:
EXO experimental; Ed. 34, 2005.

REVEL, Judith. Resistências, subjetividades, o comum. **Lugar
Comum**, n. 35-36, p. 107–114, [2012a]. Disponível em: <
http://uninomade.net/wp-
content/files_mf/110210120912Resist%C3%AAncias%20
subjetividades%20o%20comum%20-
%20Judith%20Revel.pdf >. Acesso em: 20 fev. 2017.

_____. Entre determinismo e liberdade: a construção do
comum como novo universal. **Lugar Comum**, n. 35-36, p.
97–106, [2012b]. Disponível em: <
http://uninomade.net/wp-
content/files_mf/110210120256Entre%20determinismo
%20e%20liberdade:%20a%20constru%C3%A7%C3%A3o
%20do%20comum%20como%20novo%20universal%20-
%20Judith%20Revel.pdf >. Acesso em: 20 fev. 2017.

_____. **Foucault**: conceitos essenciais. São Carlos: Claraluz,
2005.

RIBEIRO, Fernanda. Os Arquivos na era pós-custodial: reflexões sobre a mudança que urge operar. In: ENCONTROS DO OUTONO – Memória, História e Patrimônio – Bibliotecas, Arquivos e Museus, 4., Vila Nova de Famalicão, Casa das Artes, 26 e 27 out. 2001. Publicada em Boletim Cultural - Câmara Municipal de Vila Nova de Famalicão, 3.ª série, n.1, 2005, p.129-133. Disponível em: < http://ler.letras.up.pt/uploads/ficheiros/artigo10091.pdf >. Acesso em: 20 fev. 2017.

RIBEIRO, Renato Janine. Memórias de si, ou... **Revista Estudos Históricos**, v.11, n.21, p.35-42, 1998. Disponível em: < http://bibliotecadigital.fgv.br/ojs/index.php/reh/article/ view/2068/1207 >. Acesso em: 20 fev. 2017.

ROCHA, Luísa Maria Gomes de Mattos. **Musealizar o transitório**: o adensamento das relações entre tempos e espaços. Relatório de estágio pós-doutoral, Programa de Pós-graduação em Ciência da Informação, IBICT/UFRJ, Rio de Janeiro, 2012. Disponível em: < http://www.ibict.br/capacitacao-e-ensino/pesquisa-em-ciencia-da-informacao/pos-doutorado/pesquisas-concluidas1/musealizar-o-transitorio-o-adensamento-das-relacoes-entre-tempos-e-espacos/Relatorio%20pos-doutorado%20Luisa%20Maria%20Rocha_versao%20final.pdf >. Acesso em: 20 fev. 2017.

RODRÍGUEZ, Adriá. Viragem pedagógica, capitalismo cognitivo, nova institucionalidade. **Imprópria** - política e pensamento crítico, Lisboa, v.1, p. 39–42, 2012.

RODRÍGUEZ, Emmanuel; SÁNCHEZ, Raúl. Nuevos cercamientos intelectuales y procomún. Conferência. JORNADAS

Vladimir Sibylla Pires

CRÍTICAS DE PROPRIEDAD INTELECTUAL DE MÁLAGA, 9 a 12 mar. 2006. Disponível em: < http://www.universidadnomada.net/spip.php?article190 >. Acesso em: 20 fev. 2017.

ROLNIK, Suely. Despachos no museu: sabe-se lá o que vai acontecer... **São Paulo em perspetiva**, São Paulo, v.15, n.3, p.3-9, 2001. Disponível em: < http://www.scielo.br/pdf/spp/v15n3/a02v15n3.pdf >. Acesso em: 20 fev. 2017.

_____. Esquizoanálise e antropofagia. In: ALLIEZ, Eric (Org.). **Gilles Deleuze**: uma vida filosófica. São Paulo: Ed. 34, 2000. p.451-463.

_____. Geopolítica da cafetinagem. In: **PUC – Núcleo de Estudos da Subjetividade**, São Paulo. Disponível em: < http://www.pucsp.br/nucleodesubjetividade/Textos/SUELY/Geopolitica.pdf >. Acesso em: 20 fev. 2017.

_____. Subjetividade antropofágica. In: **PUC – Núcleo de Estudos da Subjetividade**, São Paulo. Disponível em: < http://www.pucsp.br/nucleodesubjetividade/Textos/SUELY/Subjantropof.pdf >. Acesso em: 20 fev. 2017.

ROUSSEAU, Jean-Jacques. **Do contrato social**. São Paulo: Abril Cultural, 1978.

SANTOS, Maria Célia Teixeira Moura. Reflexões sobre a Nova Museologia. **Cadernos de Sociomuseologia**, Lisboa: ULHT Universidade Lusófona de Humanidades e Tecnologias, n.18, p. 93–139, 2002. Disponível em: < http://revistas.ulusofona.pt/index.php/cadernosociomuseologia/article/view/363/272 >. Acesso em: 20 fev. 2017.

SCHEINER, Tereza. Comunicação - educação - exposição: novos saberes, novos sentidos. **Semiosfera** (UFRJ), Rio de Janeiro, v. 4-5, 2003. Disponível em: < http://www.semiosfera.eco.ufrj.br/anteriores/semiosfer a45/conteudo_rep_tscheiner.htm >. Acesso em: 20 fev. 2017.

_____. **Apolo e Dionísio no templo das musas** – Museu: gênese, idéia e representações na cultura ocidental. Dissertação de Mestrado. (Programa de Pós-graduação em Comunicação Social). UFRJ, Rio de Janeiro, 1998.

SENNETT, Richard. **O artífice**. Rio de Janeiro: Record, 2009.

_____. **A corrosão do caráter**: consequências pessoais do trabalho no novo capitalismo. 12.ed. Rio de Janeiro: Record, 2007.

_____. **A cultura do novo capitalismo**. Rio de Janeiro: Record, 2006.

SERRES, Michel. **Hominescências**: o começo de uma outra humanidade. Rio de Janeiro: Bertrand Brasil, 2003.

SILVA, Gerardo; COCCO, Giuseppe. **Territórios produtivos**: oportunidades e desafios para o desenvolvimento local. Rio de Janeiro: DP&A; Brasília: Sebrae, 2006.

SOUSA FILHO, Alípio de. Foucault: o cuidado de si e a liberdade, ou a liberdade é uma agonística. Disponível em: < http://www.cchla.ufrn.br/alipiosousa/index_arquivos/A RTIGOS%20ACADEMICOS/ARTIGOS_PDF/FOUCAULT,%20 O%20CUIDADO%20DE%20SI%20E%20A%20LIBERDADE.p df >. Acesso em: 20 fev. 2017.

SUKMAN, Hugo. O novo MIS e a identidade carioca. In: SEMINÁRIO INTERNACIONAL MUSEOGRAFIA E

ARQUITETURA DE MUSEUS, 2., Rio de Janeiro, 2010. Disponível em: < http://arquimuseus.arq.br/anais-seminario_2010/eixo_i/p1-artigo-hugo-sukman.pdf >. Acesso em: 20 fev. 2017.

SZANIECKI, Barbara. Sobre museus e monstros. **Na Borda**, 9 jul. 2013a. Disponível em: < http://naborda.com.br/2013/texto/sobre-museus-e-monstros/ >. Acesso em: 20 fev. 2017.

_____. Monstro e multidão: a estética das manifestações. Entrevista especial com Barbara Szaniecki. **IHU On-Line**, 15 jul. 2013b. Disponível em: < http://www.ihu.unisinos.br/entrevistas/521910-monstro-e-multidao-a-estetica-das-manifestacoes-entrevista-especial-com-barbara-szaniecki >. Acesso em: 20 fev. 2017.

_____. **Disforme contemporâneo e design encarnado**: outros monstros possíveis. Tese de doutorado. (Programa de Pós-graduação em Design). PUC, Rio de Janeiro, 2010.

_____. **Estética da multidão**. Rio de Janeiro: Civilização Brasileira, 2007. Col. A política no império.

SZANIECKI, Barbara; SILVA, Gerardo. Rio: dois projetos para uma cidade do conhecimento. **Overmundo**, 5 out. 2010. Disponível em: < http://www.overmundo.com.br/imprime_overblog/rio-dois-projetos-para-uma-cidade-do-conhecimento >. Acesso em: 20 fev. 2017.

SZTUTMAN, Renato (Org.). **Eduardo Viveiros de Castro**. Rio de Janeiro: Beco do Azougue, 2008. (Col. Encontros).

TOPALOV, Christian. **La urbanization capitalista**: algunos elementos para su análisis. Esta edición en soporte magnético ha sido autorizada por el autor exclusivamente para su uso por parte de la cátedra de Sociología Urbana – Facultad de Ciencias Sociales – Universidad de Buenos Aires, 2006. Disponível em: < file:///C:/Users/Vladimir/Downloads/52839153-Topalov-La-Urbanizacion-Capitalista.pdf >. Acesso em: 20 fev. 2017.

TOURAINE, Alain. **Um novo paradigma**: para compreender o mundo hoje. 3.ed. Petrópolis: Vozes, 2007.

TURAZZI, Maria Inês. **A euforia do progresso e a imposição da ordem**: a engenharia, a indústria e a organização do trabalho na virada do século XIXI ao XX. Rio de Janeiro: COPPE; São Paulo, Marco Zero, 1989.

VARINE, Hugues de. **As raízes do futuro**: o patrimônio a serviço do desenvolvimento local. Porto Alegre: Medianiz, 2012.

VIRNO, Paolo. **Virtuosismo e revolução**. Rio de Janeiro: Civilização Brasileira, 2008.

_____. **Gramática da multidão**: para uma análise das formas de vida contemporânea. Tradução para o português de Leonardo Retamoso Palma a partir da publicação italiana de Rubberttino Editore Catanzaro, Itália, 2001, 01-58. Disponível em: < http://www.c-e-m.org/wp-content/uploads/gramatica-da-multidao.pdf >. Acesso em: 20 fev. 2017.

_____. Multidão e princípio de individuação. **Lugar Comum**, n.19, p27-40. Disponível em: < http://www.universidadenomade.org.br/userfiles/file/Lu

gar%20Comum/19-
20/04%20MULTIDAO%20E%20PRINCIPIO%20DE%20INDI
VIDUACAO.pdf>. Acesso em: 20 fev. 2017.

VIVEIROS DE CASTRO, Eduardo. Se tudo é humano, então tudo
é perigoso. Entrevista concedida a Jean Cristophen
Royoux. Publicada originalmente em *Cosmograms*, parte
integrante da exposição homônima, Bienal de São Paulo,
2004. Tradução por Iraci D. Poleti. In: SZTUTMAN,
Renato (Org.). **Eduardo Viveiros de Castro**. Rio de
Janeiro: Beco do Azougue, 2008a. p.86-113. (Col.
Encontros).

_____. O perspetivismo é a retomada da antropofagia
oswaldiana em novos termos. Entrevista concedida a
Luísa Elvira Belaunde. Publicada originalmente na revista
Amazônia Peruana em 2007. In: SZTUTMAN, Renato
(Org.). **Eduardo Viveiros de Castro**. Rio de Janeiro: Beco
do Azougue, 2008b. p.114-129. (Col. Encontros).

_____. Temos que criar um outro conceito de criação.
Entrevista concedida a Pedro Cesarino e Sérgio Cohn.
Publicada originalmente na revista *Azougue* em 2007. In:
SZTUTMAN, Renato (Org.). **Eduardo Viveiros de Castro**.
Rio de Janeiro: Beco do Azougue, 2008c. p.162-187. (Col.
Encontros).

_____. **A inconstância da alma selvagem**. São Paulo: Cosac
Naif, 2002.

WAGNER, Roy. **A invenção da cultura**. São Paulo: Cosac Naif,
2010.

WERSIG, Gernot; WINDEL, G. Information science needs a theory of "information actions". **Social Science Information Studies**, v.5, p.11-23, 1985.

ZOURABICHIVILI, François. O vocabulário de Deleuze. Campinas: Cienti-IFCH/UNICAMP, 2004. Disponível em: < http://claudioulpiano.org.br.s87743.gridserver.com/wp-content/uploads/2010/05/deleuze-vocabulario-francois-zourabichvili1.pdf >. Acesso em: 20 fev. 2017.